和の庭図案集

Design Parts Collection
In Japanese Traditional Style Garden

日本の庭はいろいろな装置にあふれています。灯籠、石組、蹲踞、垣根、戸などなど。そして、立派な立石から何気ない足元の敷石まで、大胆かつ細やかな気配りによってアレンジされています。いにしえの時代から現代に至るまで、実に長い時間をかけて、多様な形や組合せが開発されてきました。これらは厳かな場、優雅な遊びの場をつくるため、また悠然、端然とした雰囲気をかもしだすために工夫されたものです。ここに集められたアイデアは、庭や露地や盆栽をつくるときのみならず、床や壁紙のデザインにも、さらに室内に小物をセッティングして遊ぶときにも、多くのヒントを与えてくれそうです。

東京大学教授 工学博士

藤井恵介

CONTENTS

5
灯籠
tourou

29
鉢前・蹲踞・手水鉢
hachimae,tsukubai,chouzubachi

65
垣根・そで垣・枝折戸・揚簾戸・簾戸
kakine,sodegaki,shiorido,agesudo,sudo

83
飛石・延段・敷石・ちり穴・のぞき石・関守石
中潜り付近の飛石・略伝踏段・横勝手踏段
軒内三石
tobiishi,nobedan,shikiishi,chiriana,nozokiishi
sekimoriishi,nakakugurihukin-no-tobiishi
ryakudenhumidan,yokogattehumidan
nokiuchisanseki

95
庭園の形態
teien-no-keitai

101
石組
ishigumi

119
枯山水・砂紋
karesansui,samon

125
石
ishi

149
門・戸・塀・四阿・茶室・腰掛待合・中潜・中門
霜よけ方法・雪づり
mon,to,hei,azumaya,chashitsu,koshikakemachiai
nakakuguri,chuumon,shimoyokehouhou,yukizuri

カバー・扉イラスト もとき理川

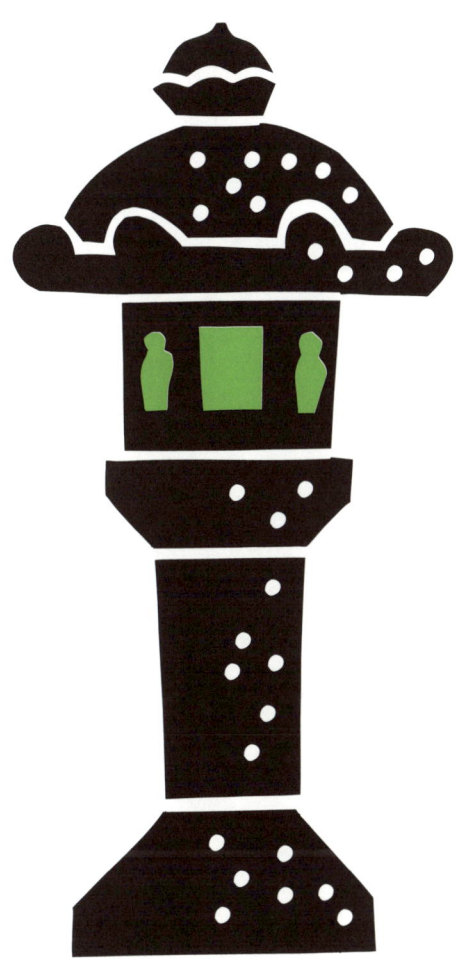

tourou
灯籠

灯籠 tourou

灯籠
tourou

春日灯籠
kasugadourou

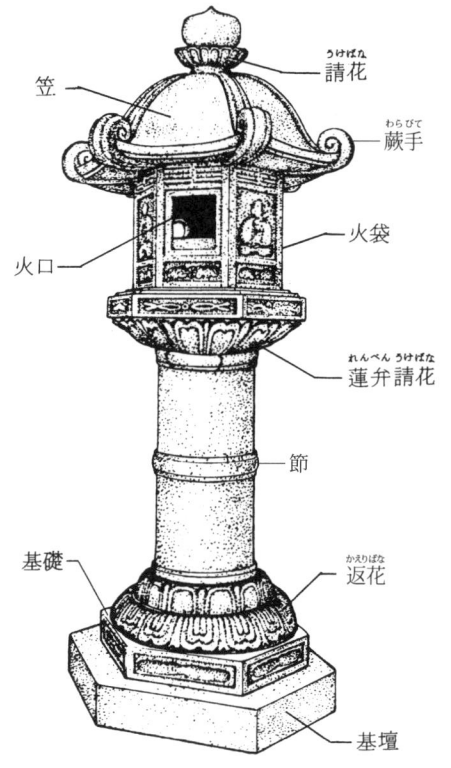
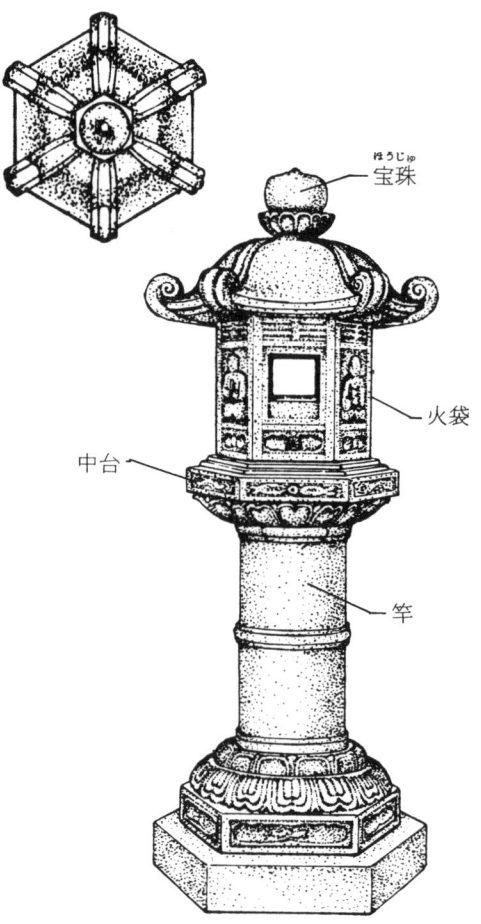

笠
請花 うけばな
蕨手 わらびて
火口
火袋
蓮弁請花 れんべん うけばな
節
基礎
返花 かえりばな
基壇

宝珠 ほうじゅ
火袋
中台
竿

春日灯籠
kasugadourou

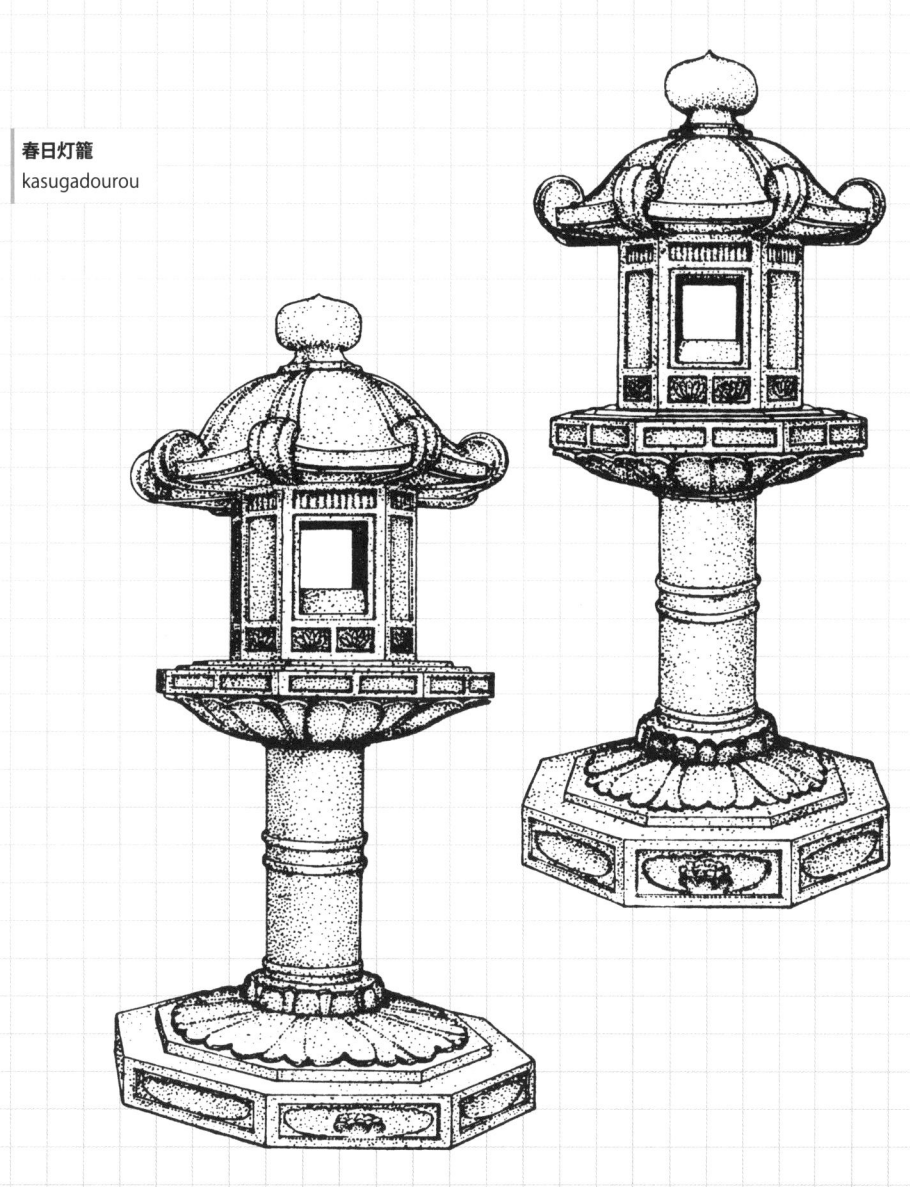

当麻寺形
taimaderagata

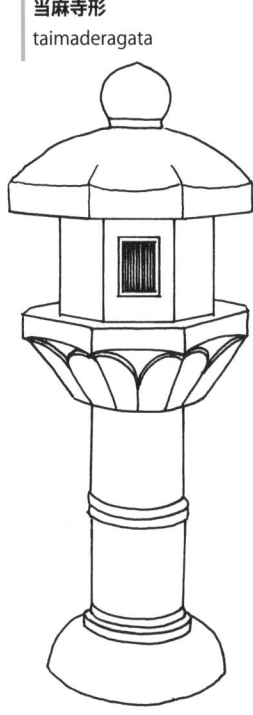

柚之木灯籠
yunokidourou

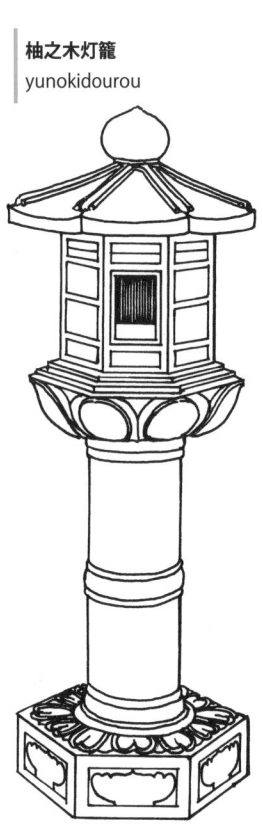

平等院形
byoudouingata

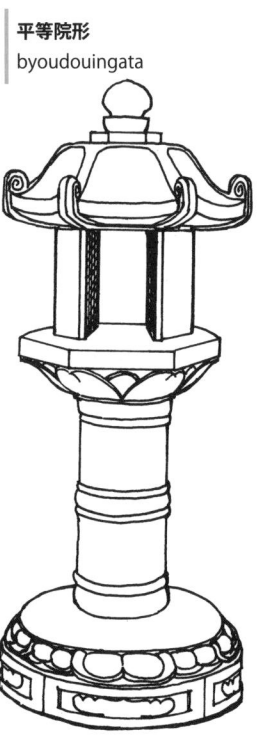

三月堂形
sangatsudougata

太秦形
uzumasagata

高桐院形
koutouingata

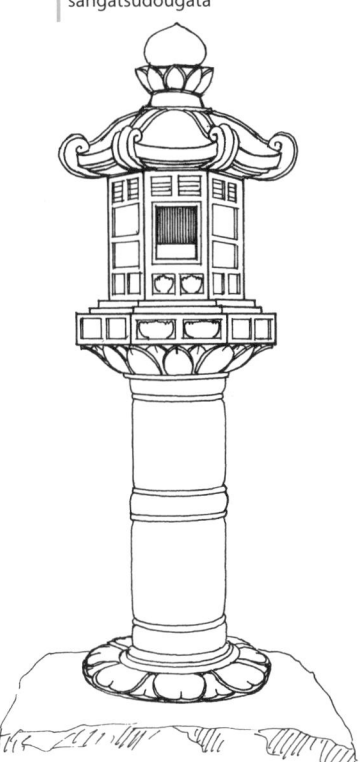

灯籠 tourou

祓戸形（春日灯籠）
haraedogata (kasugadourou)

河桁御河辺神社石灯籠
kawaketamikabejinjaishidourou

西之屋形
nishinoyagata

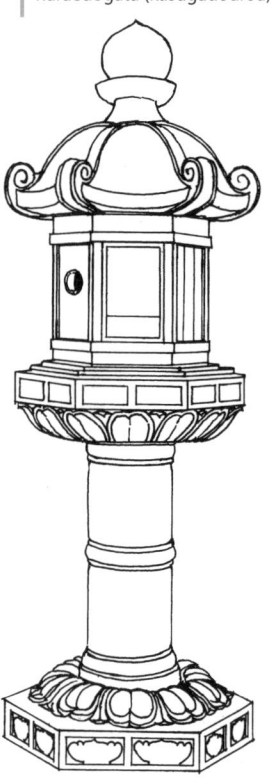
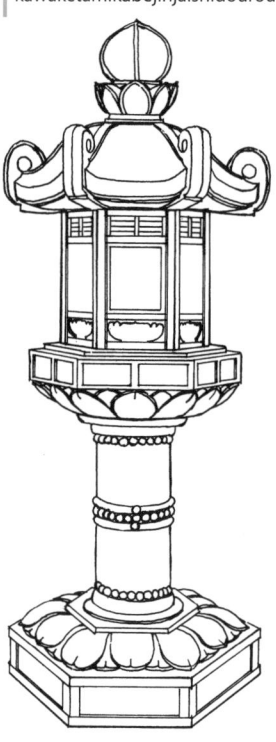
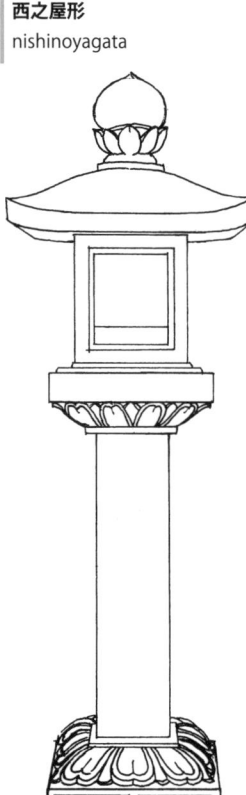

旧雲厳寺灯籠
kyuu-ungenjitourou

筥崎宮石灯籠
hakozakiguuishidourou

般若寺形
hannyajigata

善導寺形
zendoujigata

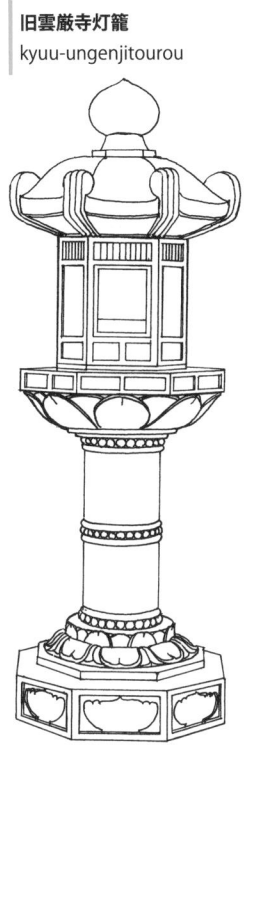

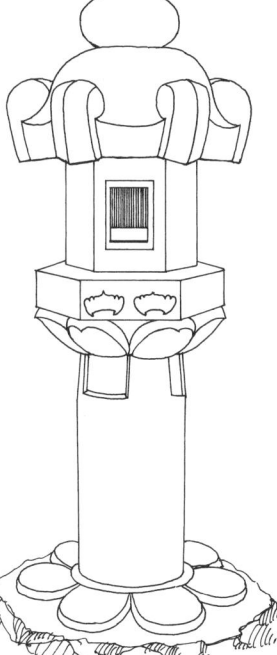

灯籠 tourou

孤篷庵石灯籠（寄灯籠）
kohouanishidourou (yosedourou)

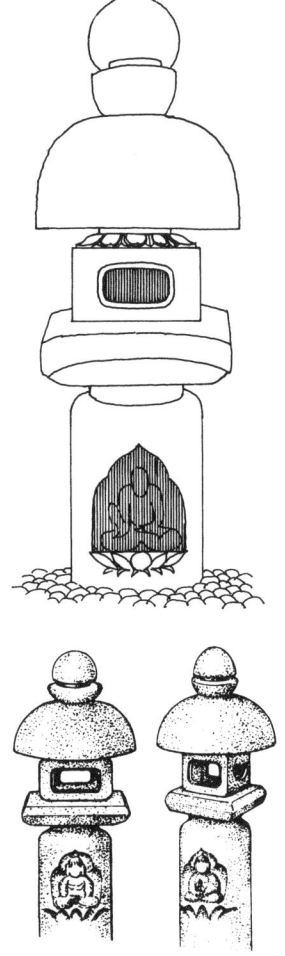

濡鷺形
nuresagigata

屋形石灯籠
yagataishidourou

朝鮮形
chousengata

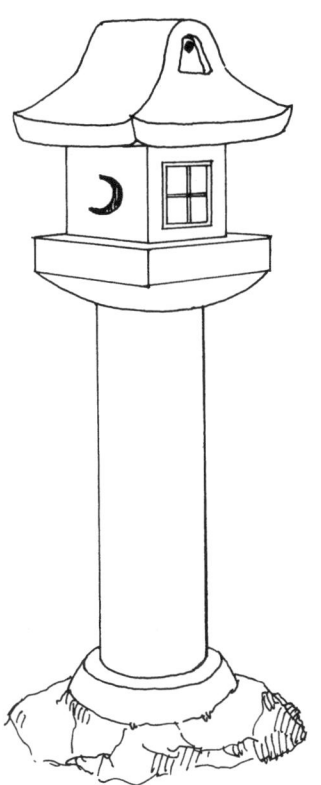

雪見灯籠
yukimidourou

六角雪見
rokkakuyukimi

丸形雪見
marugatayukimi

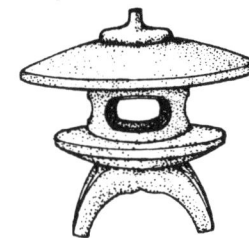

雪見変型
yukimihenkei

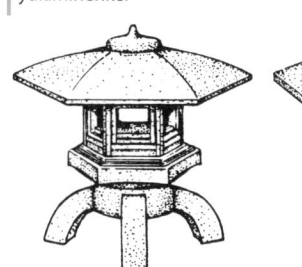
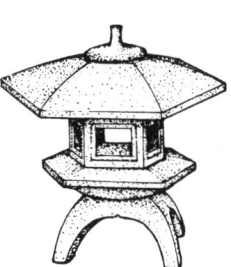

琴柱形
kotojigata

蓮華寺形
rengejigata

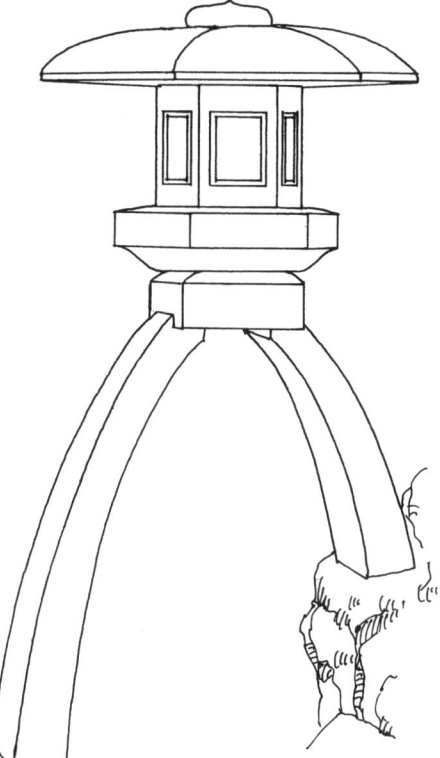
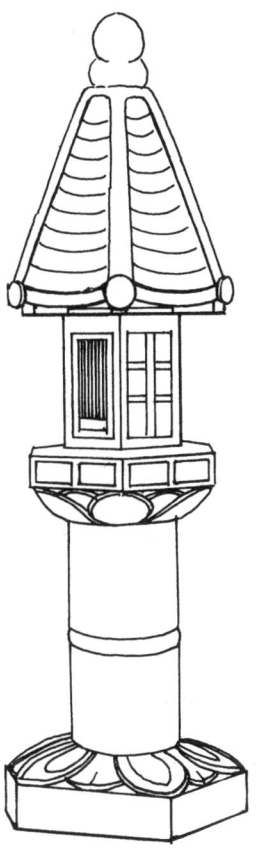

寸松庵形
sunshouangata

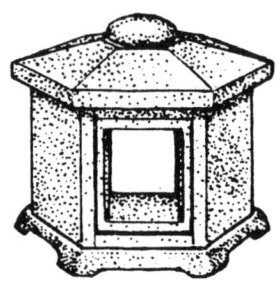

岬灯籠
misakidourou

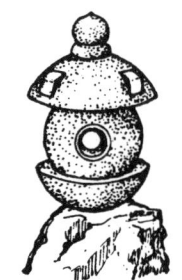

三角雪見灯籠
sankakuyukimidourou

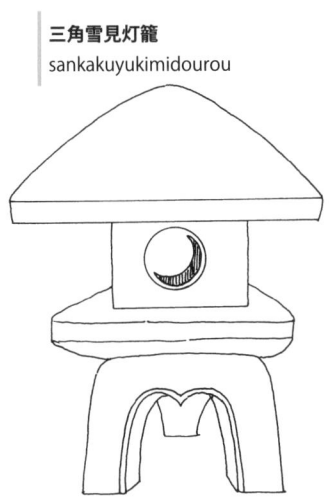

勧修寺形
kajuujigata

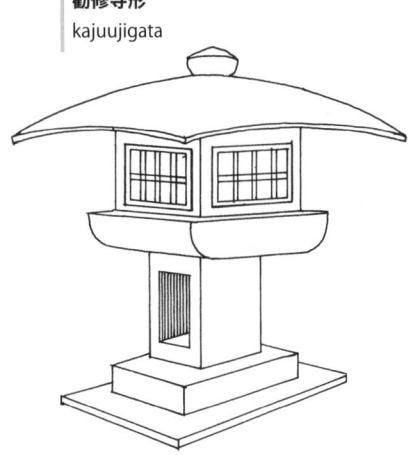

瓜実形
urizanegata

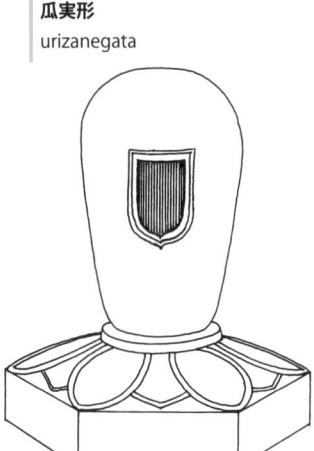

袖形
sodegata

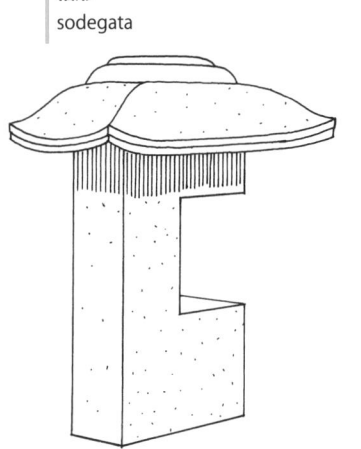

灯籠 tourou

織部灯籠
oribedourou

織部変型
oribehenkei

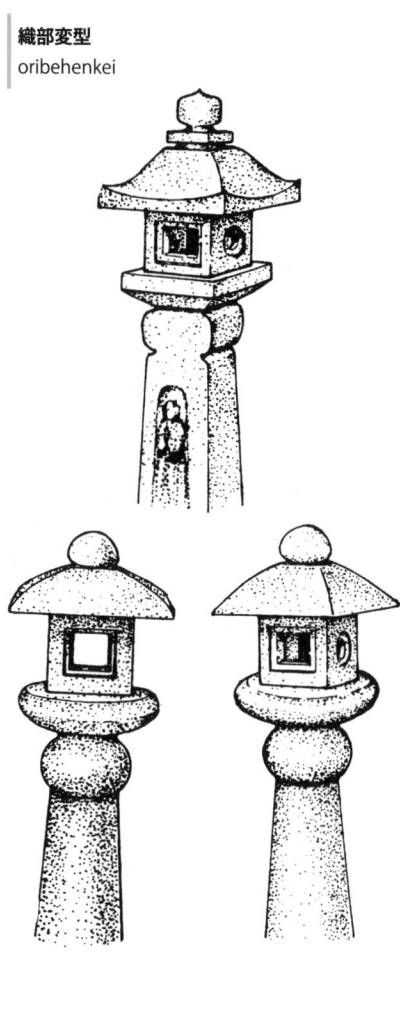

化灯籠（山灯籠）
bakedourou (yamadourou)

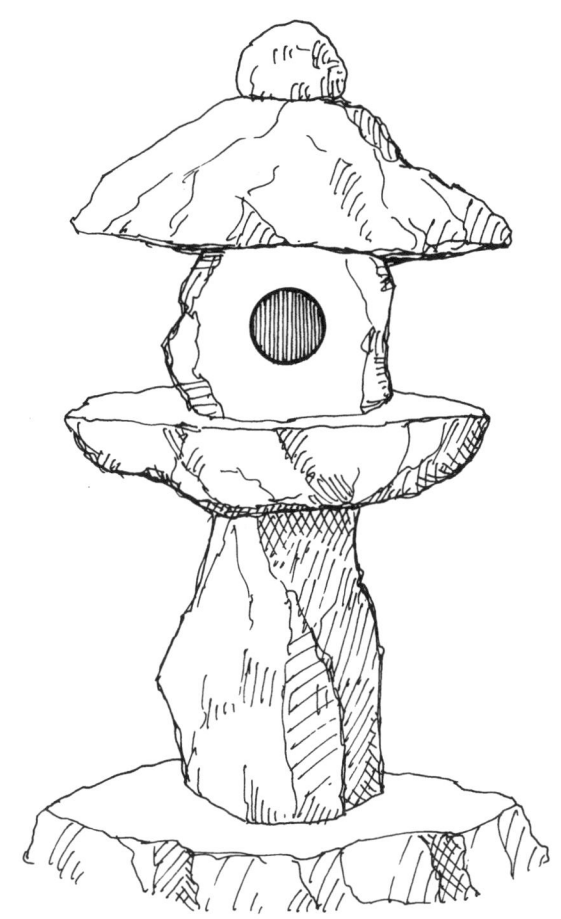

玉手形
tamategata

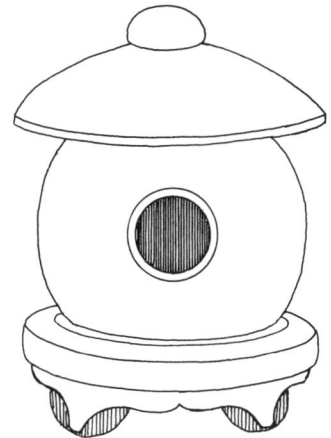

神前灯籠
shinzentourou

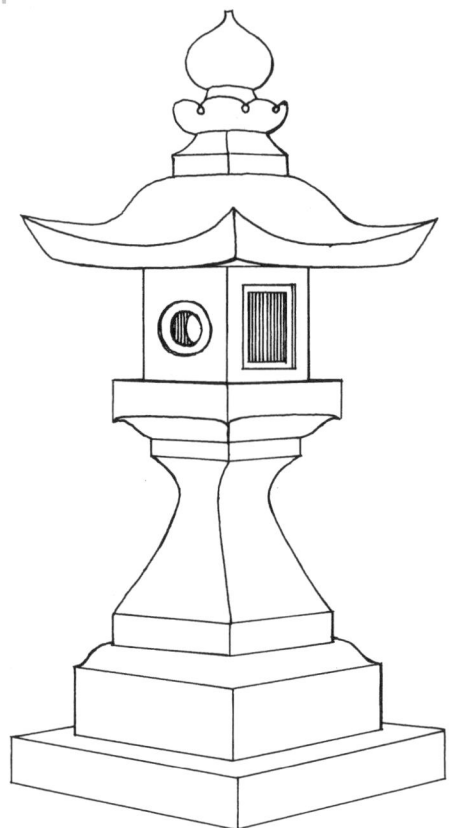

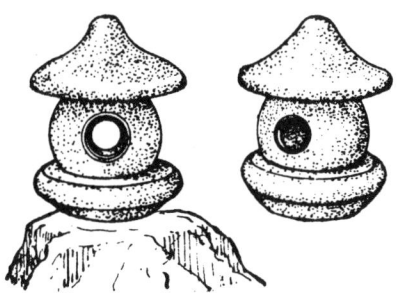

墓前灯籠
bozentourou

塔灯籠（五重層塔形）
toudourou (gojuusoutougata)

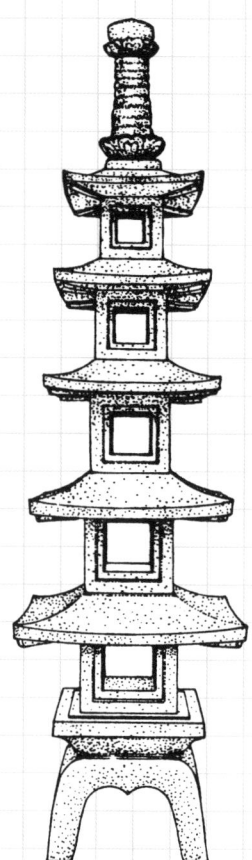
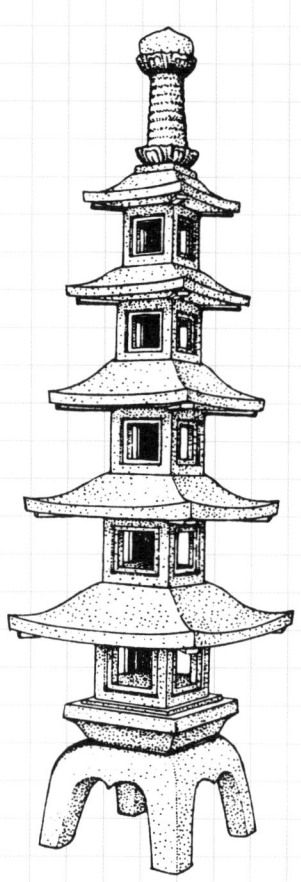

三重の塔灯籠
sanjuunotoudourou

層塔
soutou

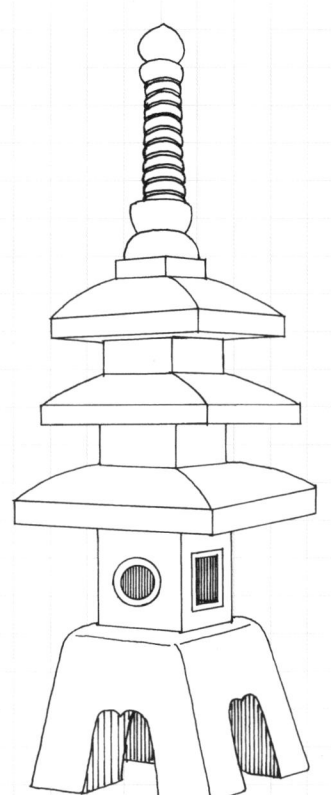
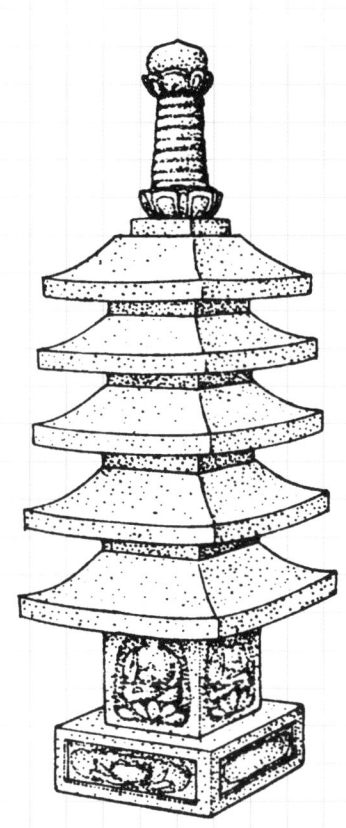

蘭渓形
rankeigata

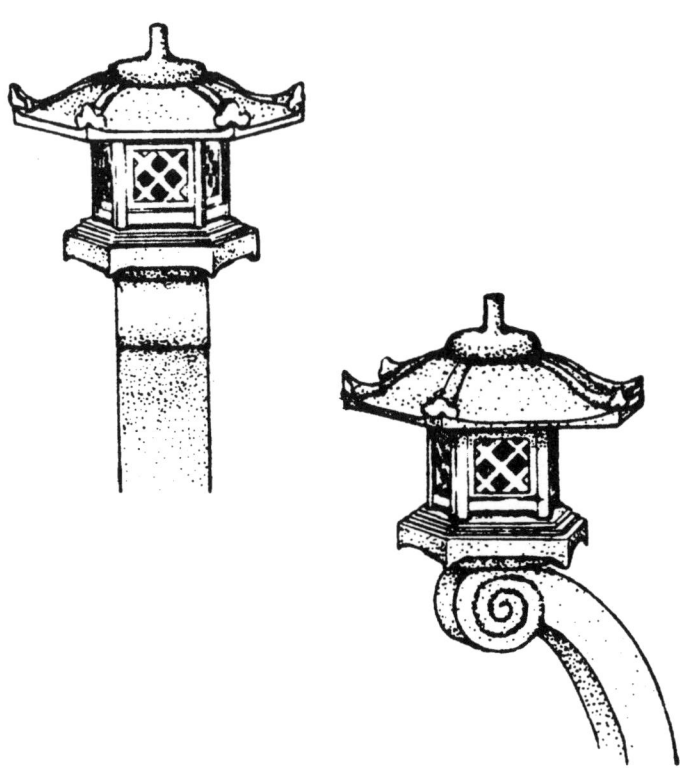

変型物
henkeimono

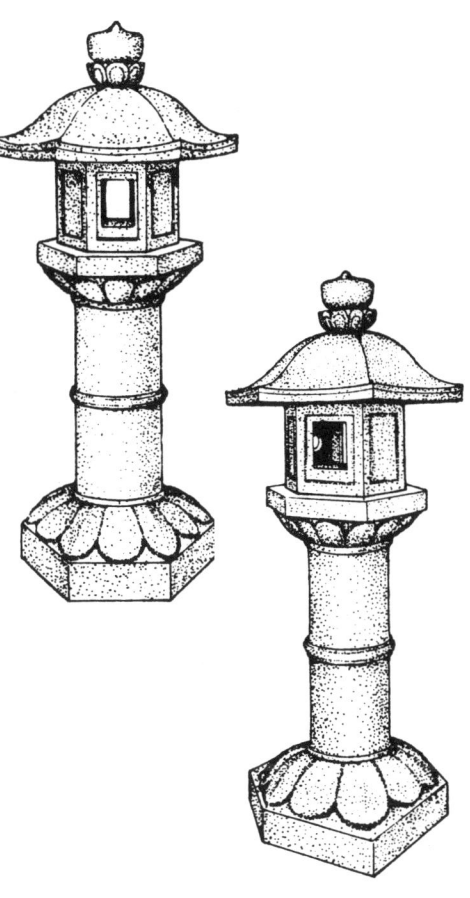

灯籠 tourou

創作物
sousakumono

変型物
henkeimono

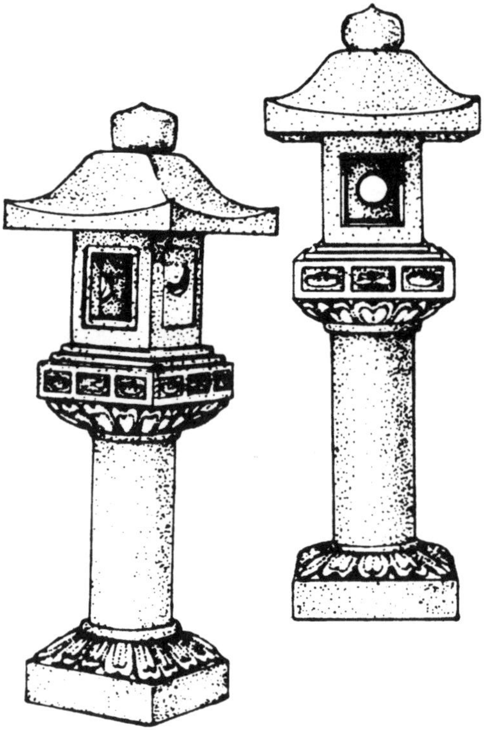

特殊物
tokushumono

西之屋形
nishinoyagata

いけこみ形
ikekomigata

三光形
sankougata

五輪塔
gorintou

多宝塔
tahoutou

笠塔婆
kasatouba

三角型笠
sankakugatakasa

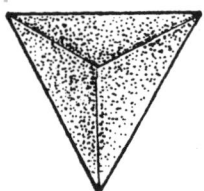

角型笠
kakugatakasa

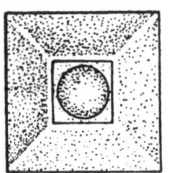
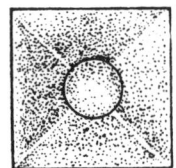
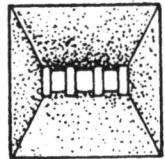
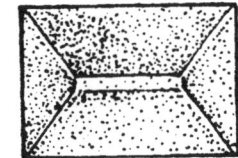

六角型笠
rokkakugatakasa

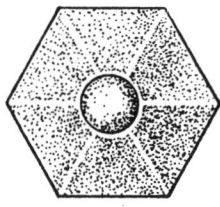
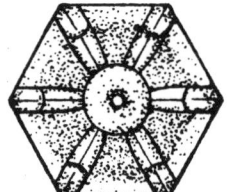

八角型笠
hakkakugatakasa

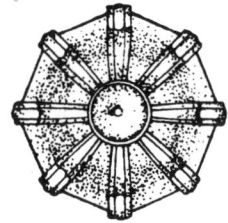
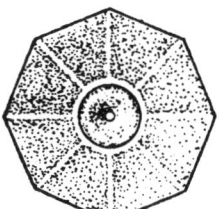

円型笠
engatakasa

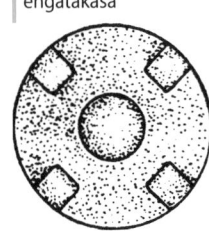
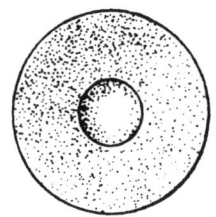
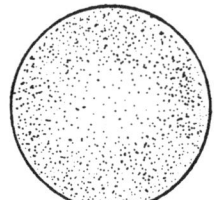

鉢前・蹲踞・手水鉢
hachimae,tsukubai,chouzubachi

鉢前・蹲踞
hachimae,tsukubai

鉢前（縁先手水鉢）
hachimae (ensakichouzubachi)

- 水揚石（みずあげいし）
- 台石（だいし）
- 手水鉢
- 清浄石（しょうじょうせき）
- 水汲石
- 呉呂太石（ごろたいし）
- 水門
- 蟄石（かがみいし）

鉢前
hachimae

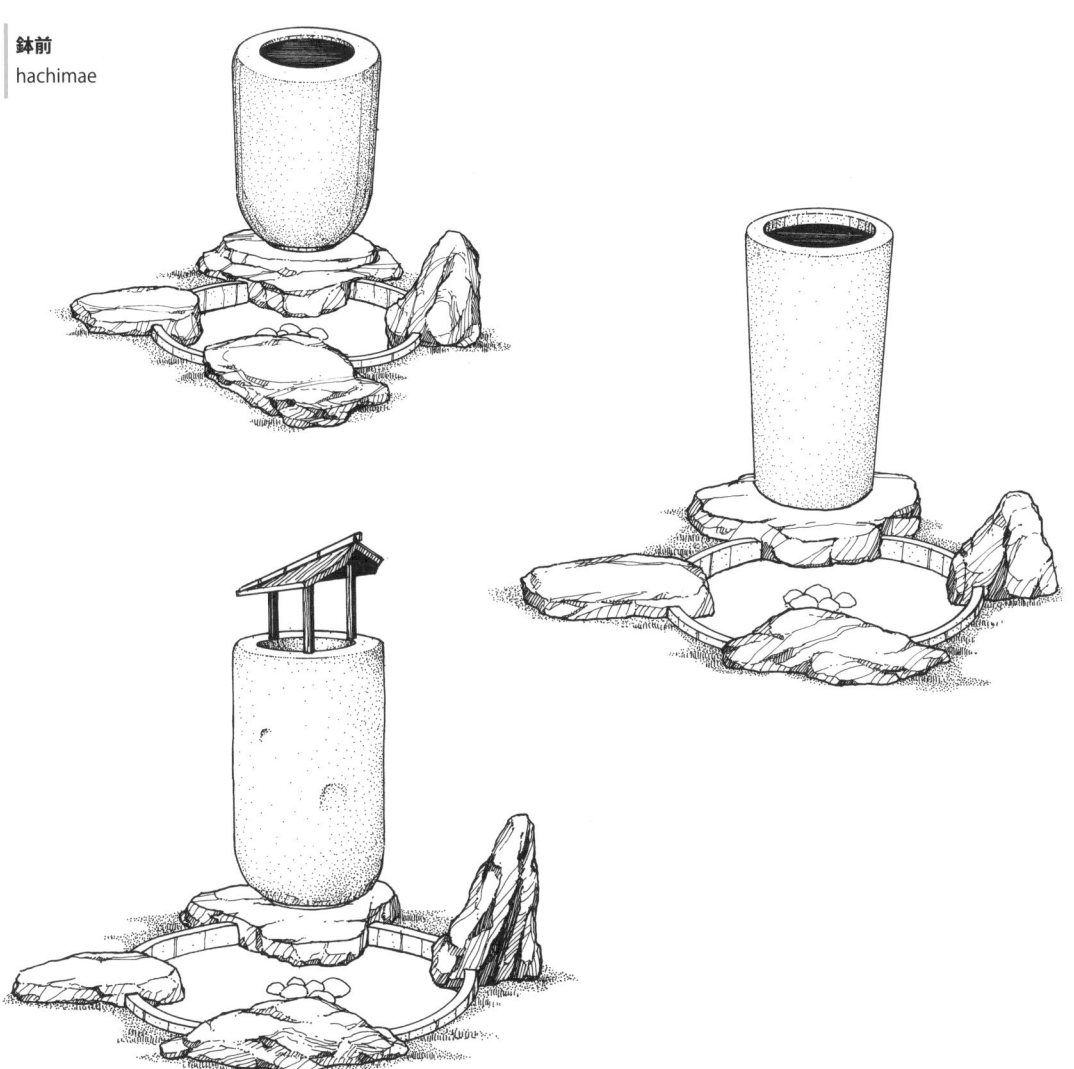

鉢前・蹲踞・手水鉢 hachimae,tsukubai,chouzubachi

鉢前
hachimae

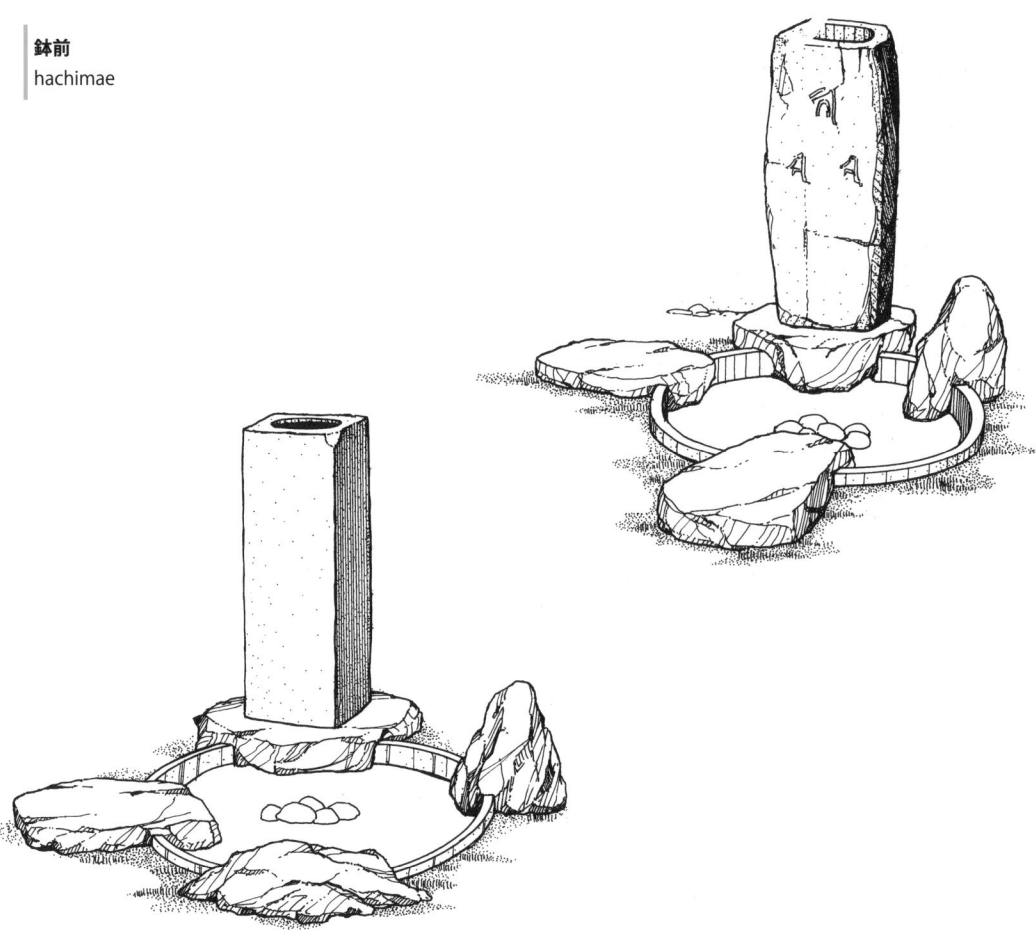

銭形手水鉢を低目に据えた蹲踞
zenigatachouzubachiwohikumenisueta-tsukubai

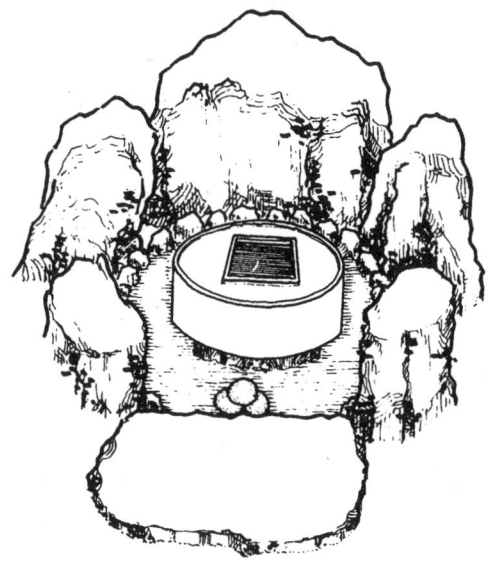

蹲踞
tsukubai

袈裟形手水鉢を生かす石組手法
kesagatachouzubachiwoikasu-ishigumishuhou

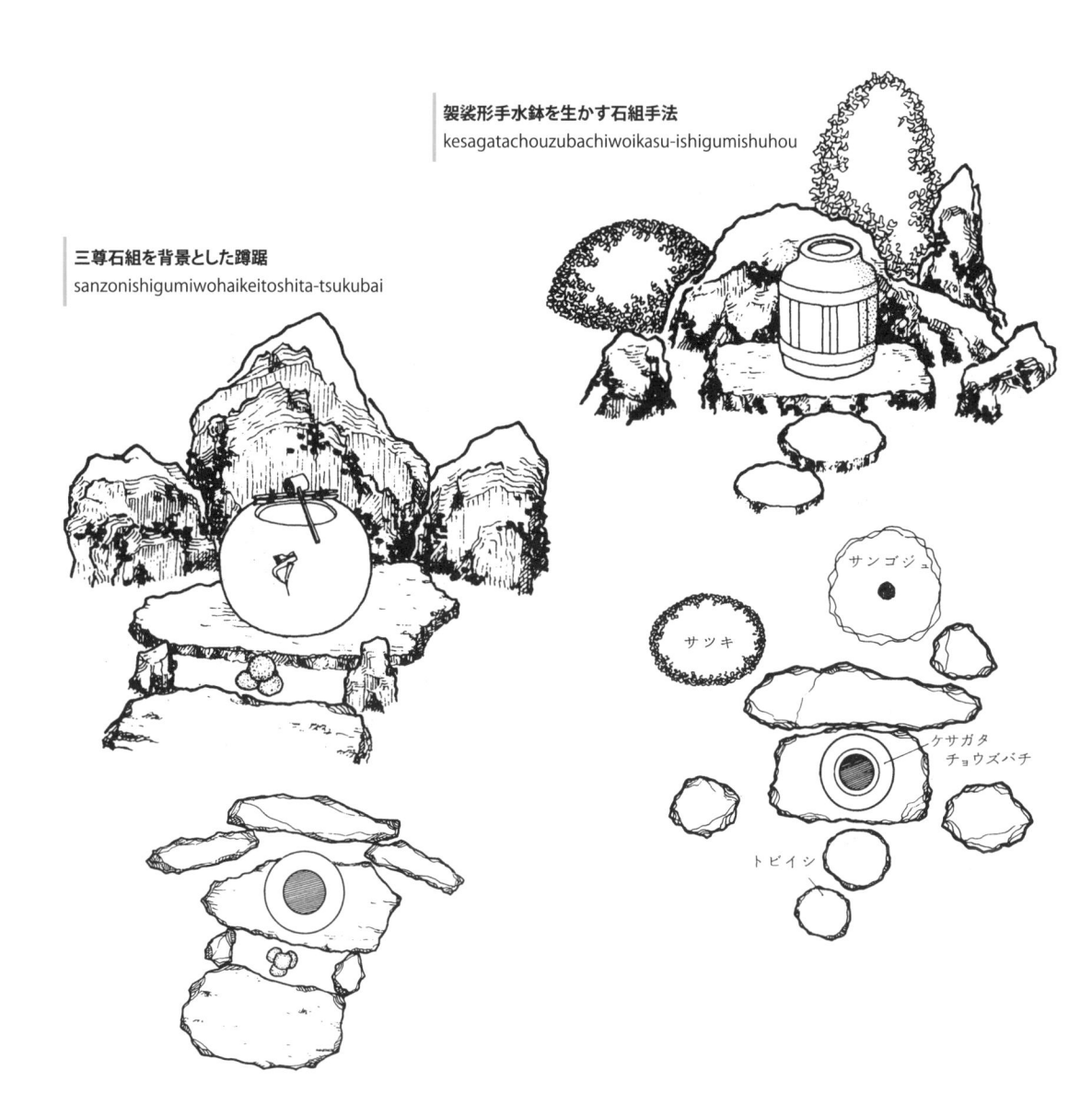

三尊石組を背景とした蹲踞
sanzonishigumiwohaikeitoshita-tsukubai

サンゴジュ
サツキ
ケサガタチョウズバチ
トビイシ

鉢前・蹲踞・手水鉢 hachimae,tsukubai,chouzubachi

立手水鉢を生かした庭の細部
tachichouzubachiwoikashitaniwa-no-saibu

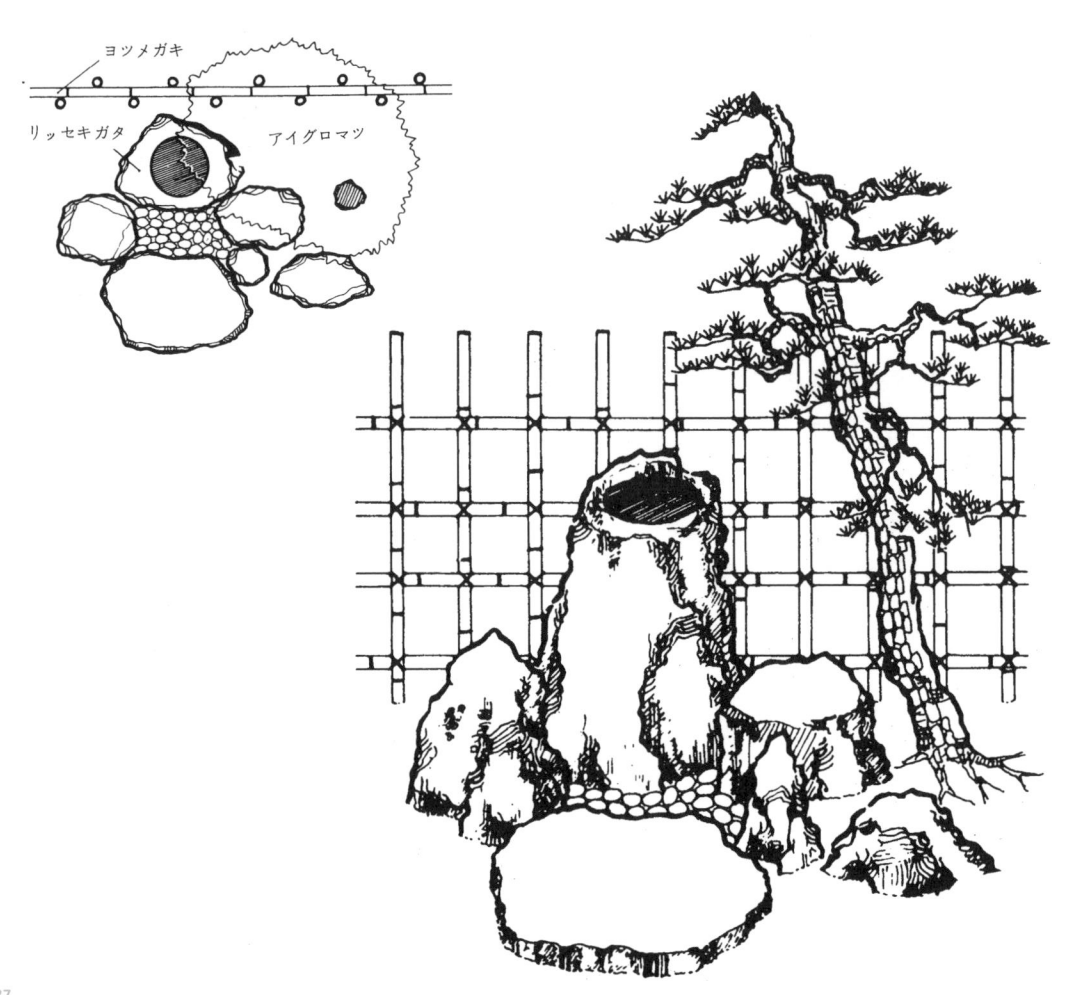

ヨツメガキ
リッセキガタ
アイグロマツ

菊鉢を使用した蹲踞
kikubachiwoshiyoushita-tsukubai

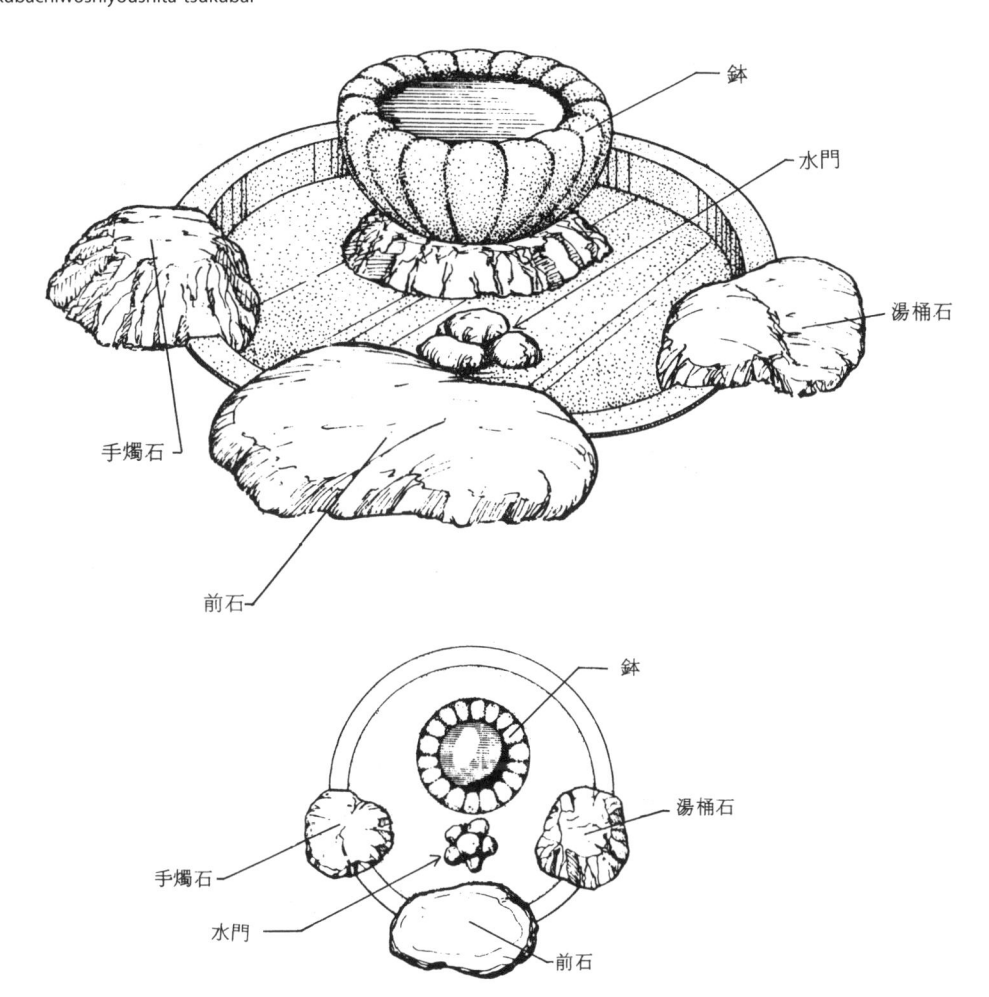

- 鉢
- 水門
- 湯桶石
- 手燭石
- 前石

- 鉢
- 湯桶石
- 手燭石
- 水門
- 前石

鉢前・蹲踞・手水鉢 hachimae,tsukubai,chouzubachi

四方仏の鉢を使用した蹲踞
shihoubutsunohachiwoshiyoushita-tsukubai

自然石の鉢を使用した蹲踞
shizensekinohachiwoshiyoushita-tsukubai

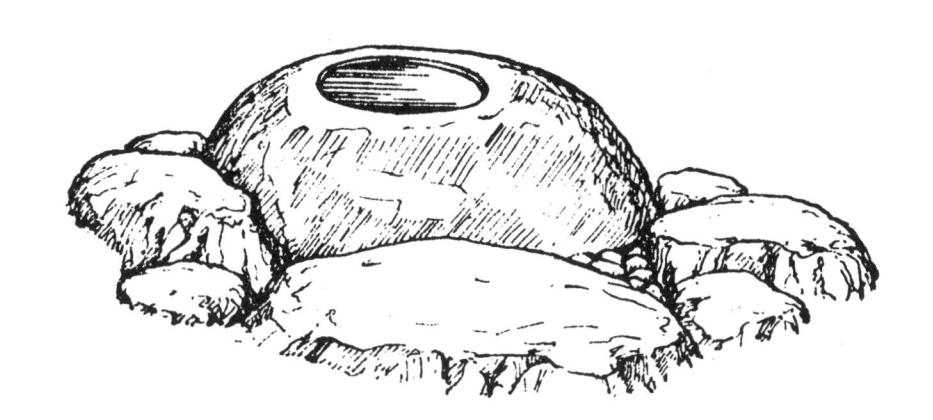

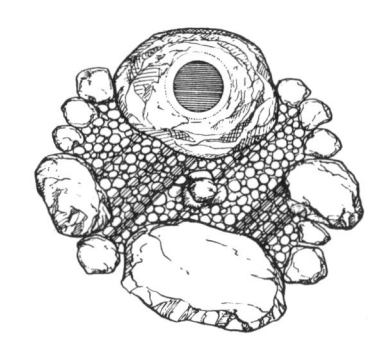

なつめ形の鉢を使用した立手水鉢
natsumegatanohachiwoshiyoushita-tachichouzubachi

富士形の鉢を使用した蹲踞
hujigatanohachiwoshiyoushita-tsukubai

銭形の鉢を使用した蹲踞
zenigatanohachiwoshiyoushita-tsukubai

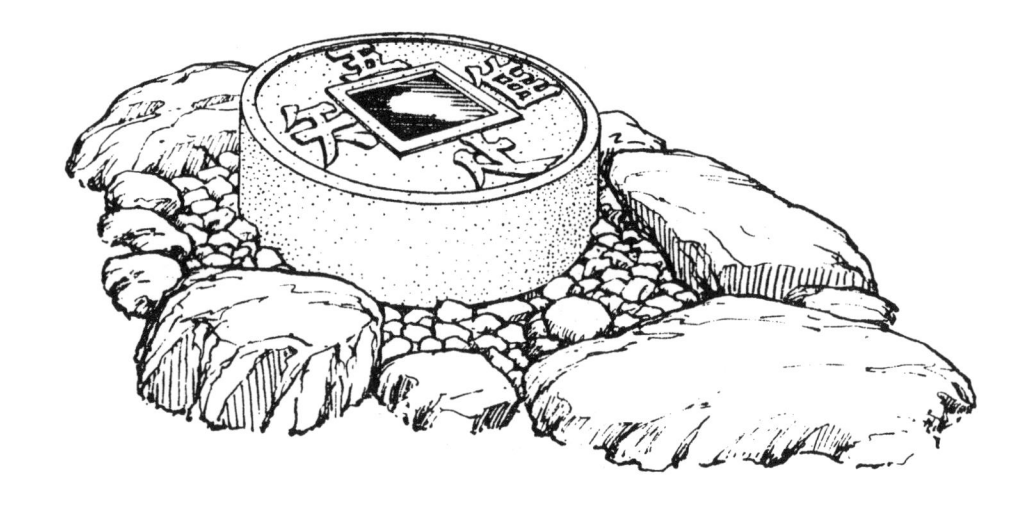

水桶を使用した蹲踞
mizuokewoshiyoushita-tsukubai

鉢前・蹲踞・手水鉢 hachimae,tsukubai,chouzubachi

富士形手水鉢を織部灯籠と調和させた蹲踞
hujigatachouzubachiwooribetouroutochouwasaseta-tsukubai

井泉石組
seisenishigumi

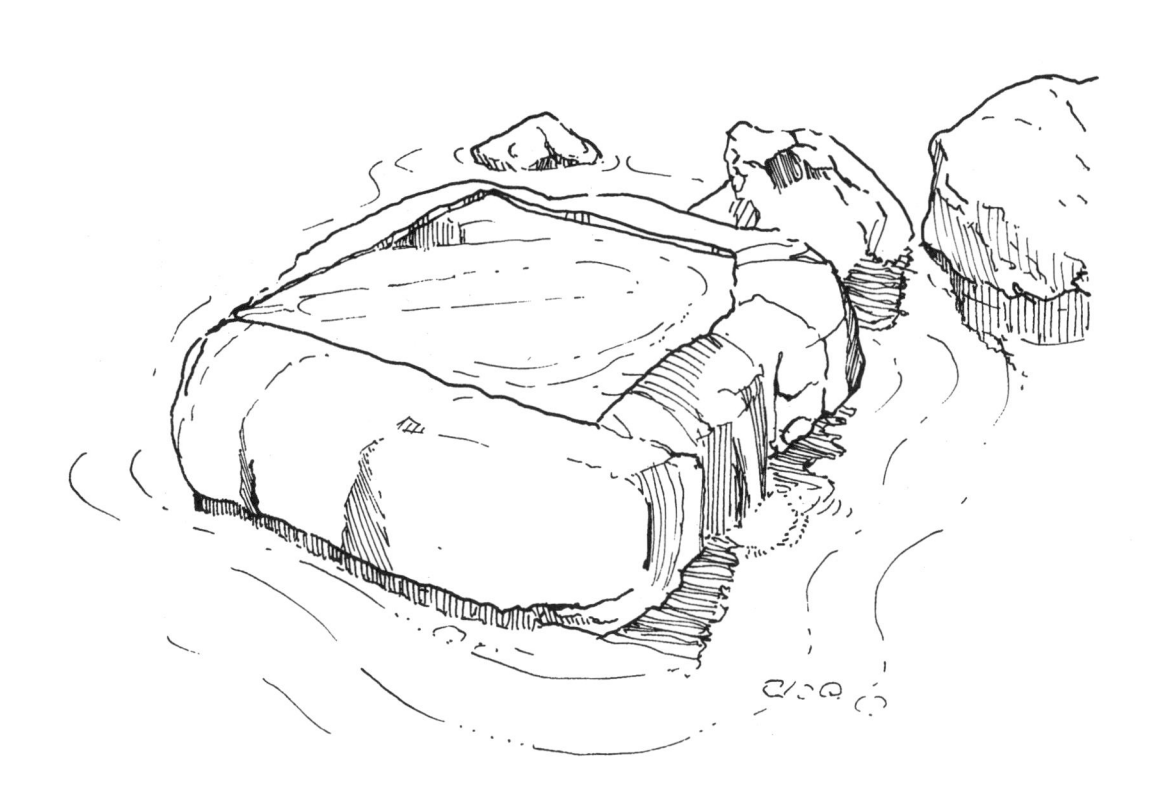

鉢前・蹲踞・手水鉢 hachimae,tsukubai,chouzubachi

磐座
iwakura

井筒
izutsu

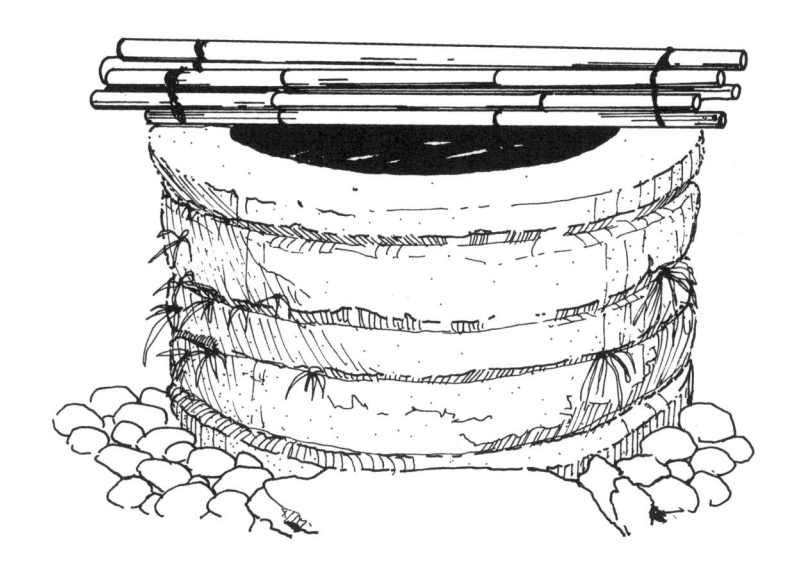

鉢前・蹲踞・手水鉢 hachimae,tsukubai,chouzubachi

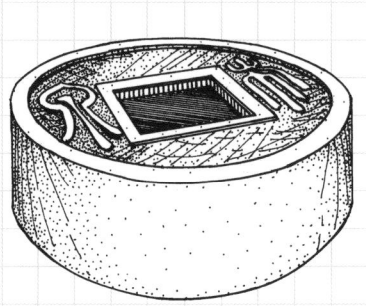

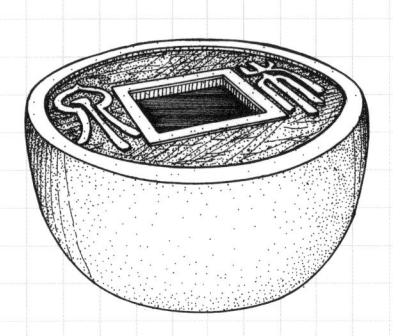

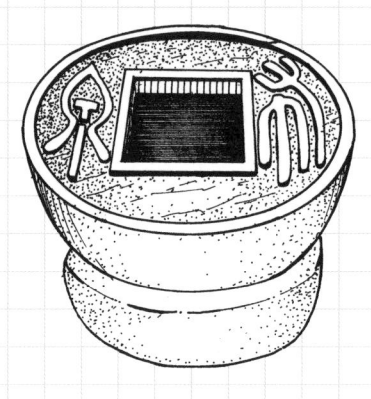

手水鉢
chouzubachi

布泉形手水鉢
husengatachouzubachi

四方仏手水鉢（見立物）
shihoubutsuchouzubachi (mitatemono)

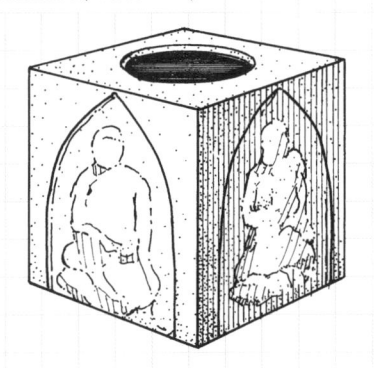

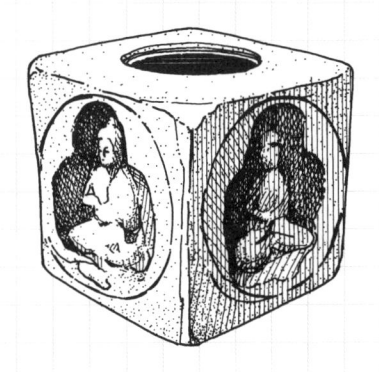

四方仏手水鉢
shihoubutsuchouzubachi

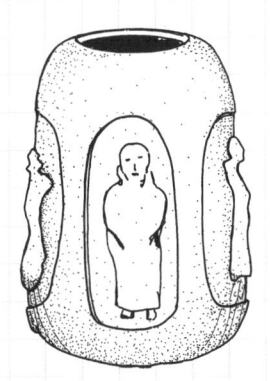

四方仏（梵字）手水鉢
shihoubutsu (bonji) chouzubachi

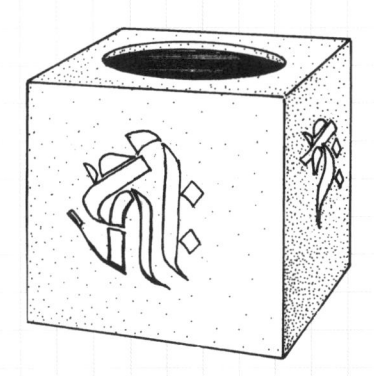

鉢前・蹲踞・手水鉢 hachimae,tsukubai,chouzubachi

宝塔基礎手水鉢（見立物）
houtoukisochouzubachi (mitatemono)

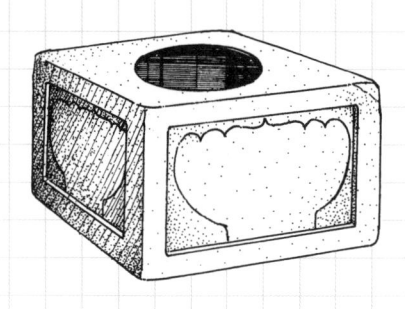

基礎形手水鉢（灯籠基礎手水鉢）（見立物）
kisogatachouzubachi (touroukisochouzubachi) (mitatemono)

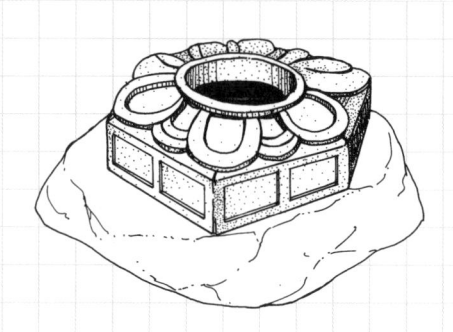

灯籠基礎手水鉢（見立物）
touroukisochouzubachi (mitatemono)

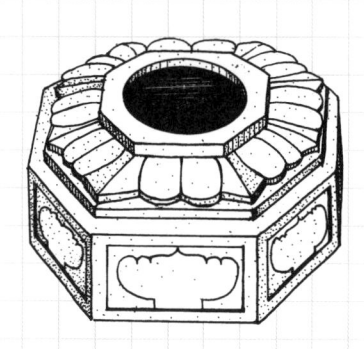

基礎形手水鉢（見立物）
kisogatachouzubachi (mitatemono)

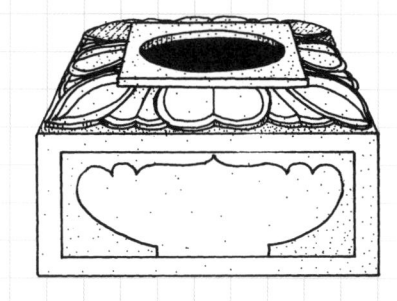

ます形手水鉢
masugatachouzubachi

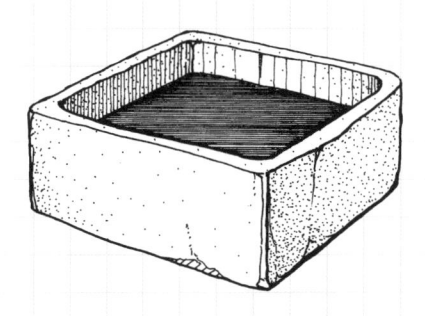

二重ます形手水鉢
nijuumasugatachouzubachi

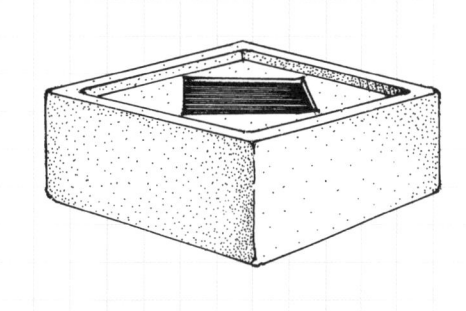

方形手水鉢
hougyouchouzubachi

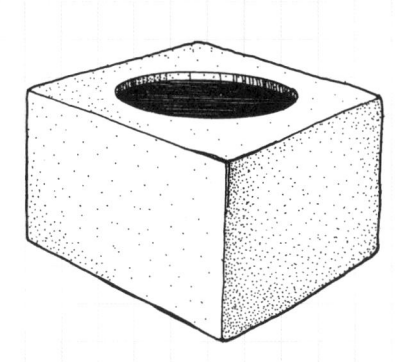

ひがきの手水鉢（見立物）
higakinochouzubachi (mitatemono)

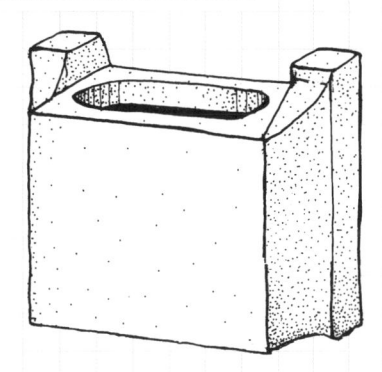

鉢前・蹲踞・手水鉢 hachimae,tsukubai,chouzubachi

円星宿形手水鉢
enseishukugatachouzubachi

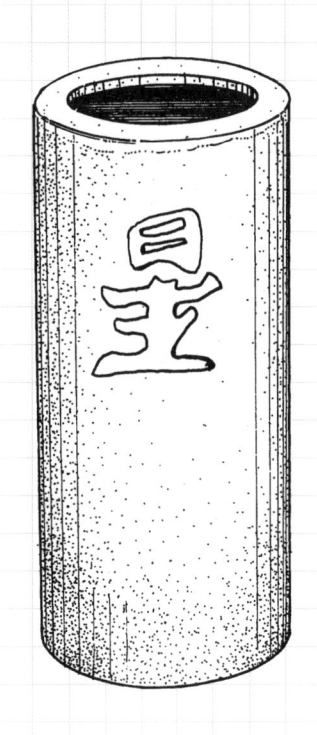

方星宿形手水鉢
houseishukugatachouzubachi

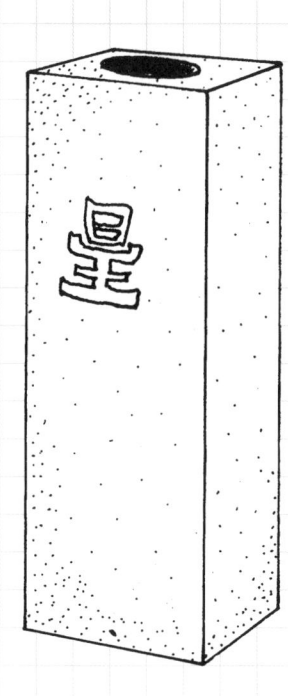

橋杭形手水鉢（見立物）
hashikuigatachouzubachi (mitatemono)

銅壺形手水鉢
doukogatachouzubachi

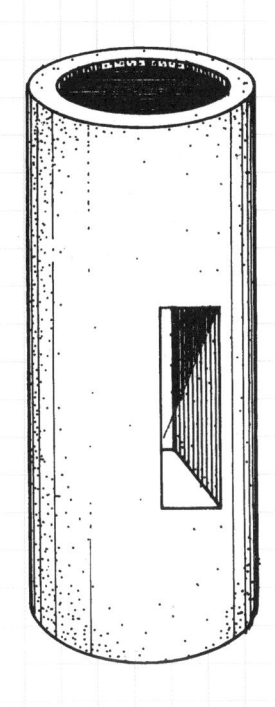

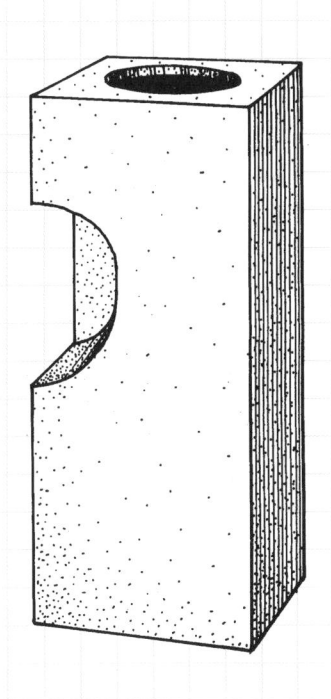

鉢前・蹲踞・手水鉢 hachimae,tsukubai,chouzubachi

石水壺手水鉢
sekisuikochouzubachi

石水瓶手水鉢
sekisuibyouchouzubachi

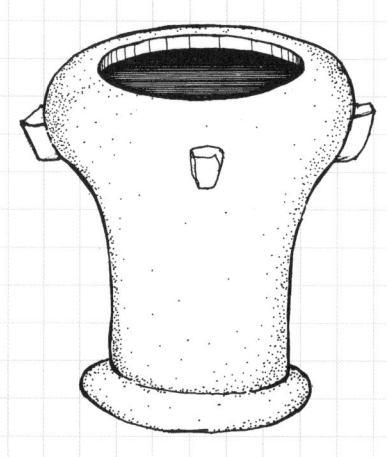

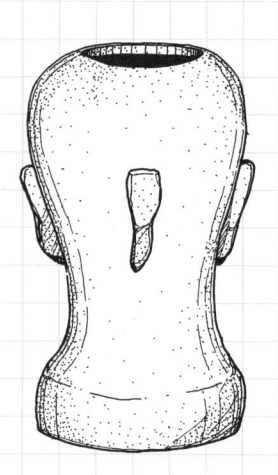

なつめ形手水鉢
natsumegatachouzubachi

袈裟形手水鉢
kesagatachouzubachi

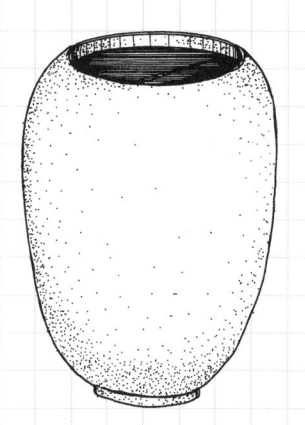

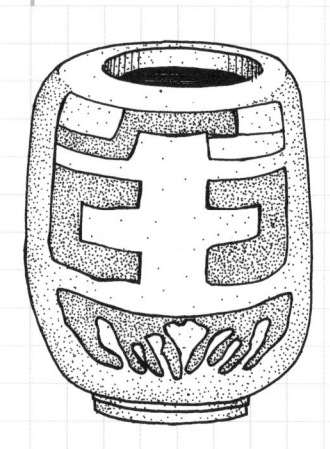

袈裟形手水鉢（見立物）
kesagatachouzubachi (mitatemono)

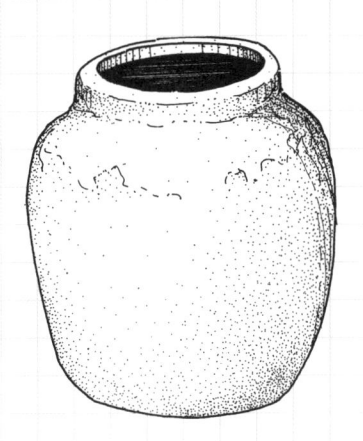

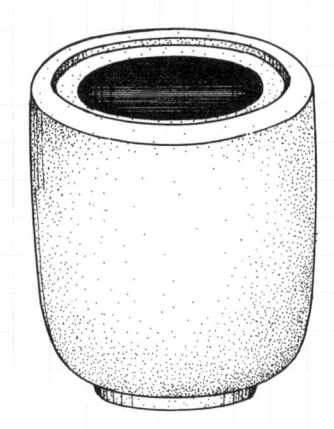

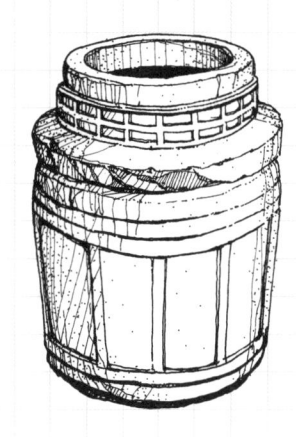

のずら石の鉄鉢形手水鉢
nozuraishinotetsubachigatachouzubachi

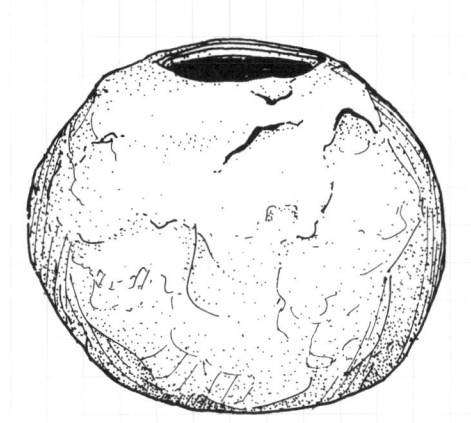

露結形手水鉢
roketsugatachouzubachi

鉢前・蹲踞・手水鉢 hachimae,tsukubai,chouzubachi

鉄鉢型手水鉢（見立物）
tetsubachigatachouzubachi (mitatemono)

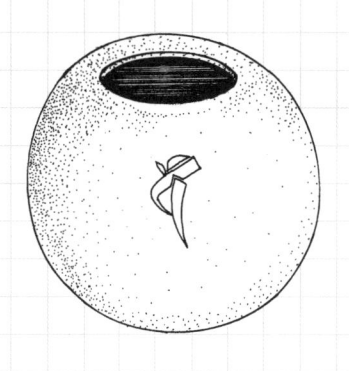

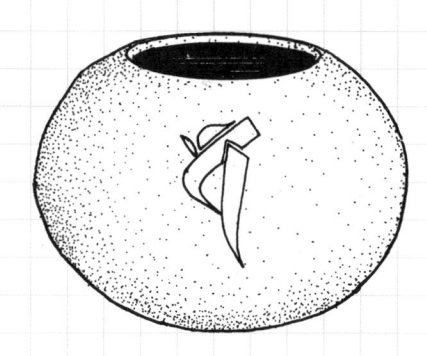

菊鉢形手水鉢
kikubachigatachouzubachi

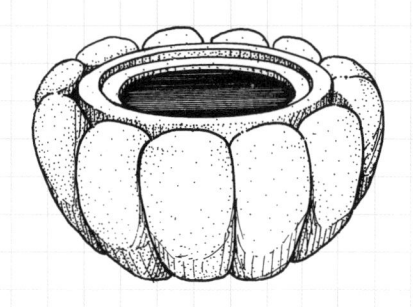

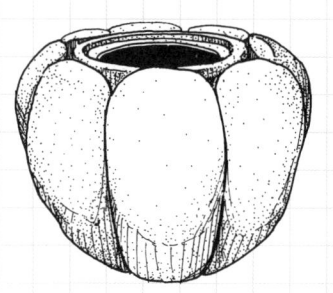

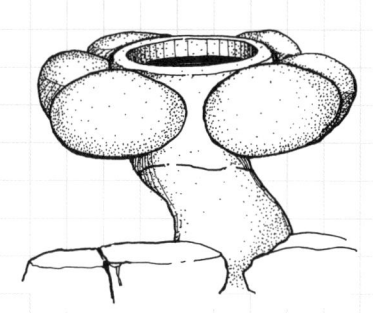

菊縦形手水鉢
kikutategatachouzubachi

梅鉢形手水鉢
umebachigatachouzubachi

散蓮華形手水鉢
sanrengegatachouzubachi

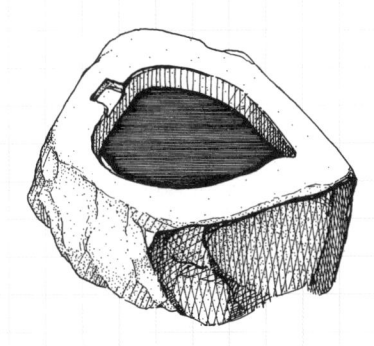

銀閣寺形手水鉢
ginkakujigatachouzubachi

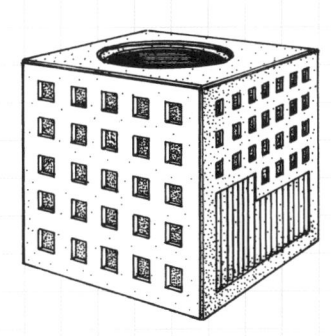

難波寺形手水鉢
naniwajigatachouzubachi

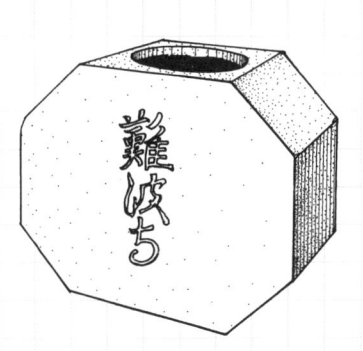

与楽寺手水鉢（見立物）
yorakujichouzubachi (mitatemono)

三渓園手水鉢（天楽形）
sankeienchouzubachi (tenrakugata)

鉢前・蹲踞・手水鉢 hachimae,tsukubai,chouzubachi

司馬温公形手水鉢
shibaonkougatachouzubachi

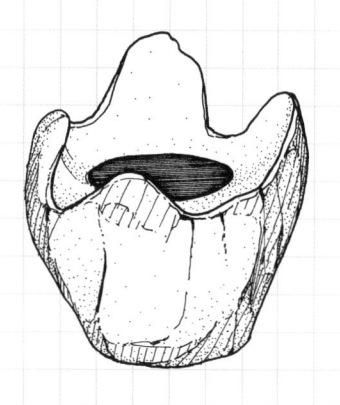

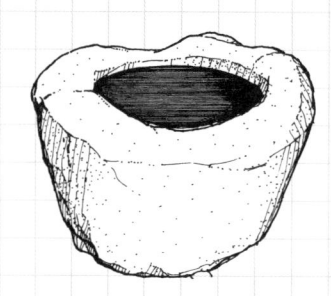

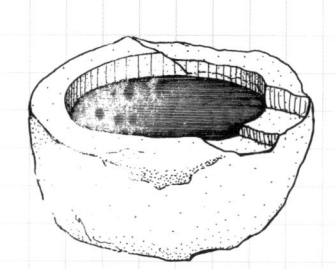

立石形手水鉢
tateishigatachouzubachi

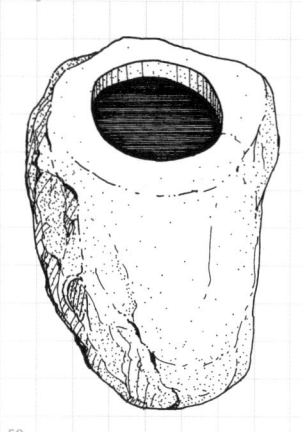

自然石富士形手水鉢
shizensekihujigatachouzubachi

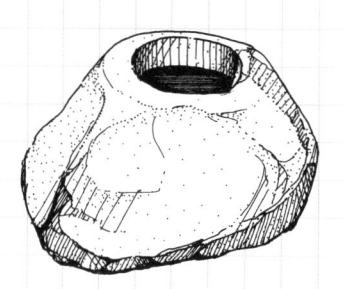

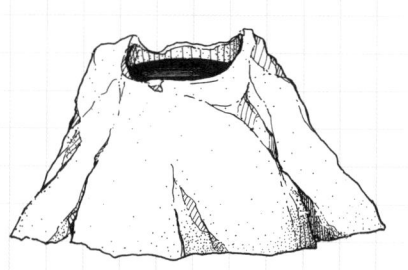

盃形手水鉢
sakazukigatachouzubachi

富士形手水鉢
hujigatachouzubachi

鎌形手水鉢
kamagatachouzubachi

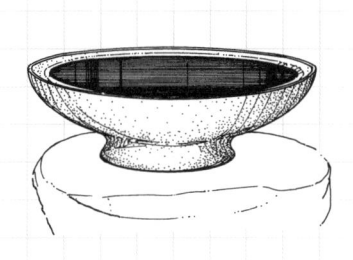

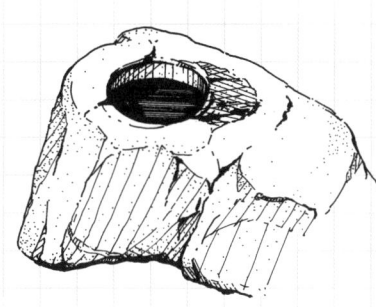

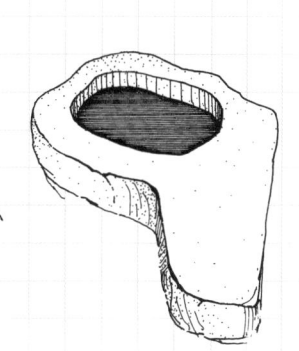

一文字形手水鉢
ichimonjigatachouzubachi

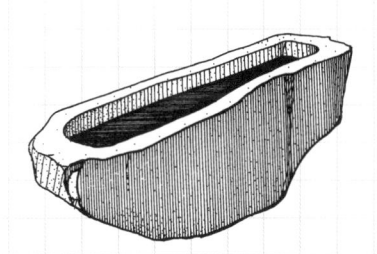

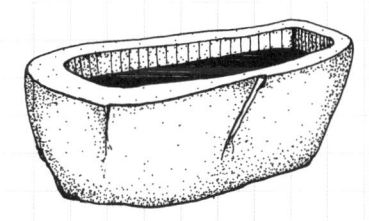

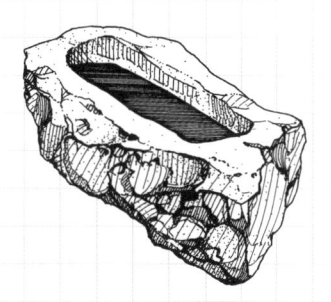

鉢前・蹲踞・手水鉢 hachimae, tsukubai, chouzubachi

自然石井筒
shizensekiizutsu

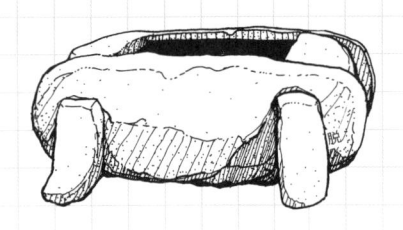

組み井筒
kumiizutsu

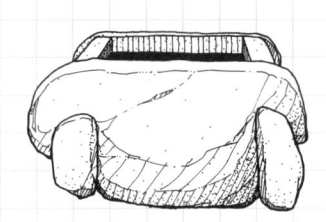

臼形手水鉢
usugatachouzubachi

円形井筒
enkeiizutsu

笠形手水鉢（見立物）
kasagatachouzubachi (mitatemono)

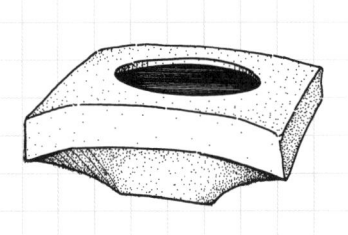

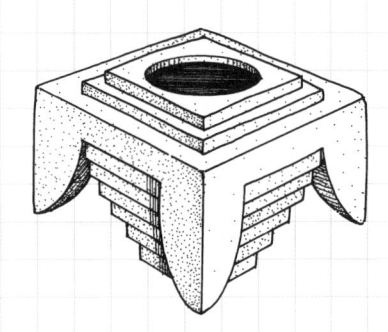

あんこう形手水鉢
ankougatachouzubachi

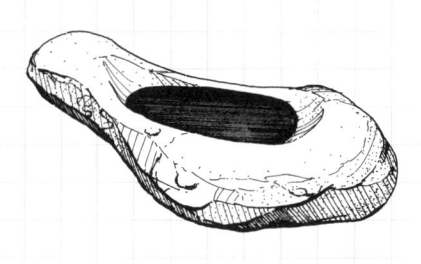

浮舟形手水鉢
ukihunegatachouzubachi

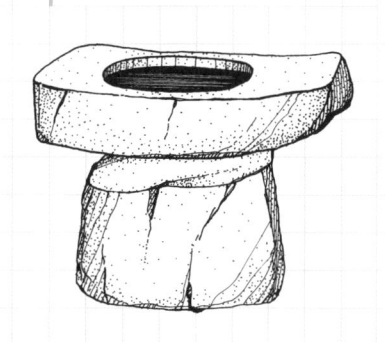

唐船形手水鉢
karahunegatachouzubachi

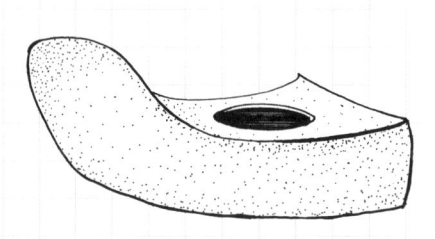

厳海形手水鉢
genkaigatachouzubachi

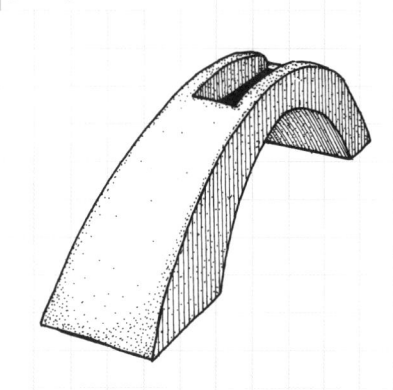

鉢前・蹲踞・手水鉢 hachimae,tsukubai,chouzubachi

伽藍石手水鉢（見立物）
garanishichouzubachi (mitatemono)

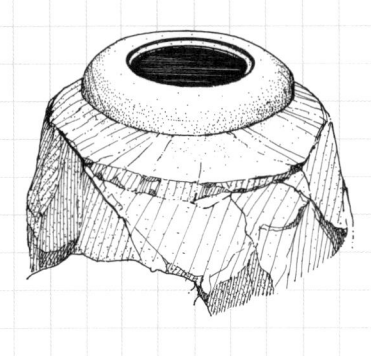

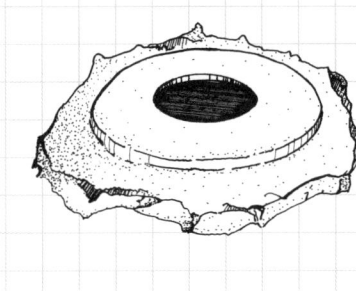

水堀形手水鉢
mizuhorigatachouzubachi

飾り手水鉢
kazarichouzubachi

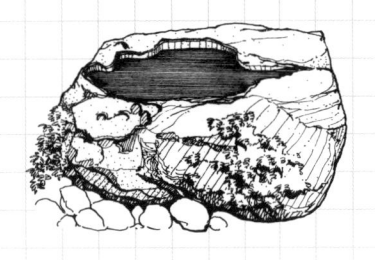

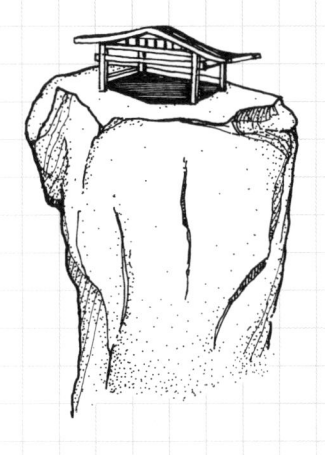

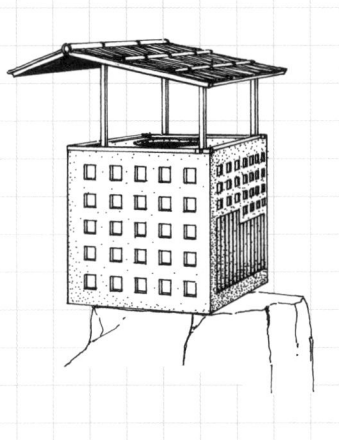

自然石手水鉢
shizensekichouzubachi

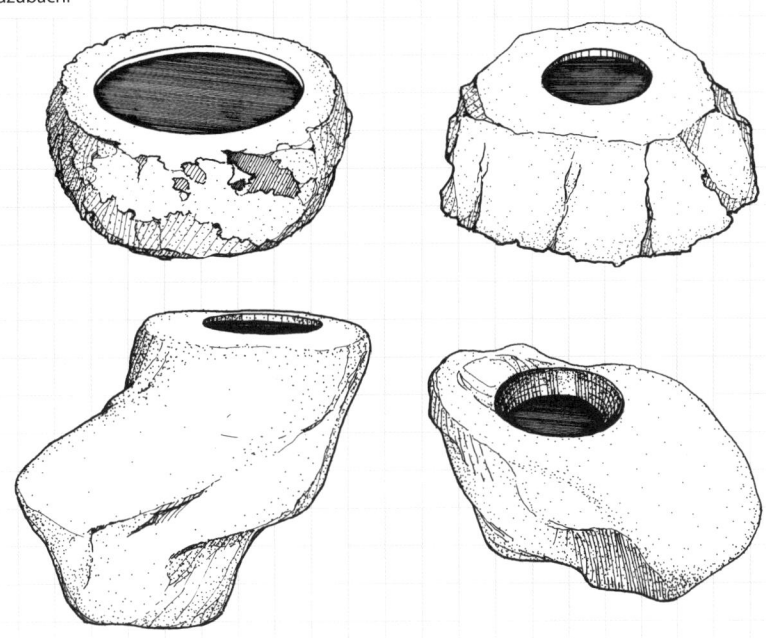

自然形手水鉢
shizengatachouzubachi

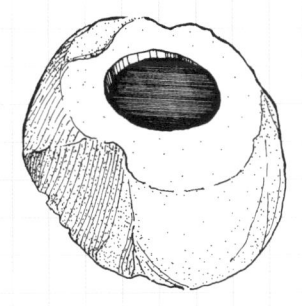

鉢前・蹲踞・手水鉢　hachimae, tsukubai, chouzubachi

筧
kakei

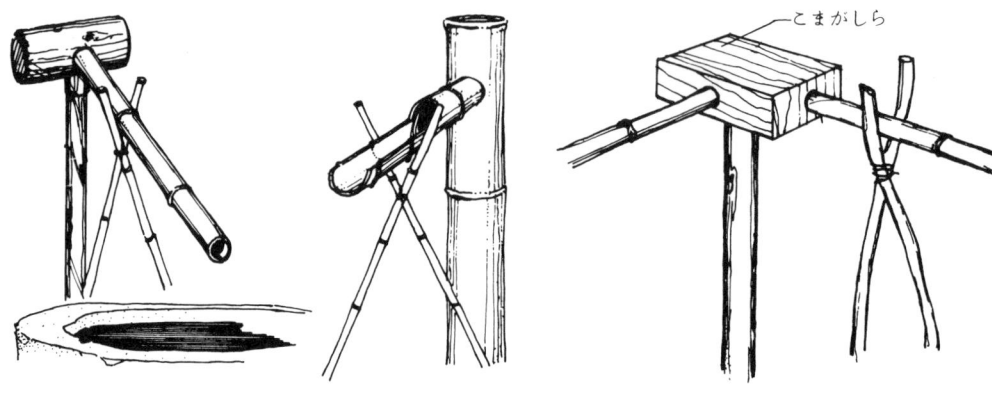

こまがしら

僧都（鹿おどし）
souzu (shishiodoshi)

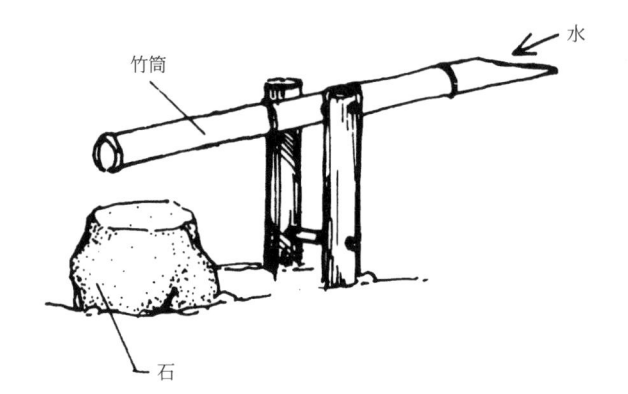

竹筒

水

石

杓
shaku

杓架（杓台）
shakuka (shakudai)

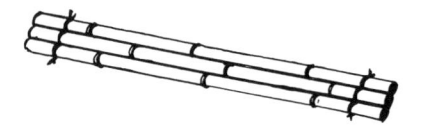

垣根・そで垣・枝折戸・揚簾戸・簾戸
kakine,sodegaki,shiorido,agesudo,sudo

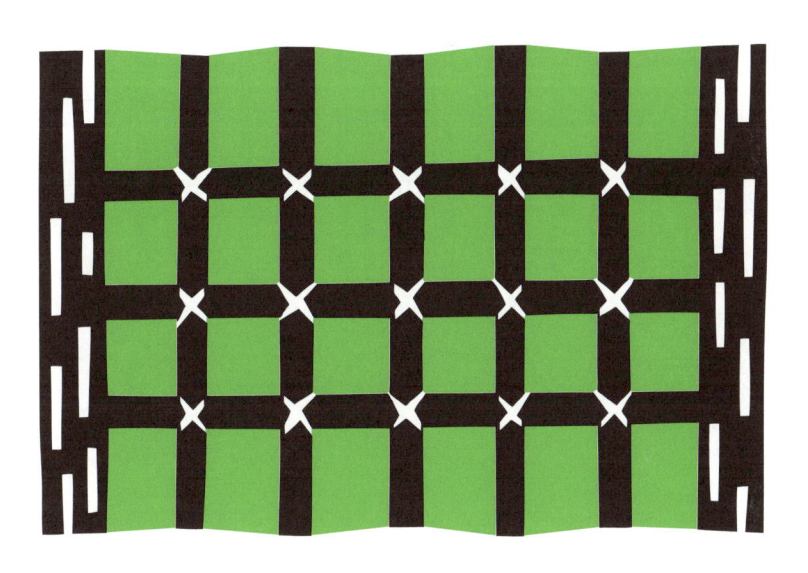

垣根・そで垣・枝折戸・揚簾戸・簾戸 kakine, sodegaki, shiorido, agesudo, sudo

垣根
kakine

四つ目垣（関東式）
yotsumegaki (kantoushiki)

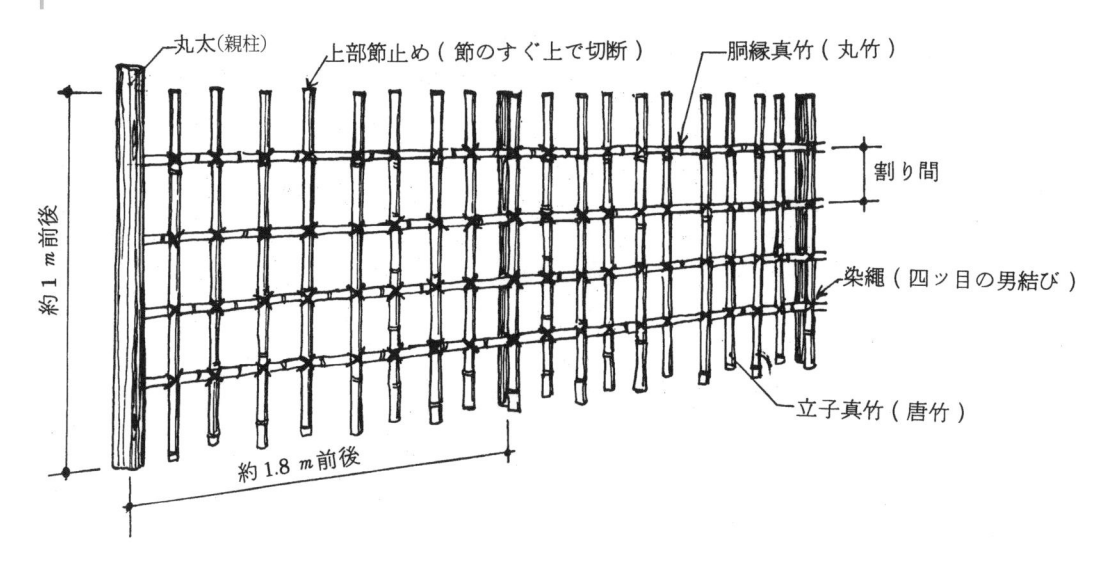

丸太（親柱）
上部節止め（節のすぐ上で切断）
胴縁真竹（丸竹）
割り間
染縄（四ツ目の男結び）
立子真竹（唐竹）
約1m前後
約1.8m前後

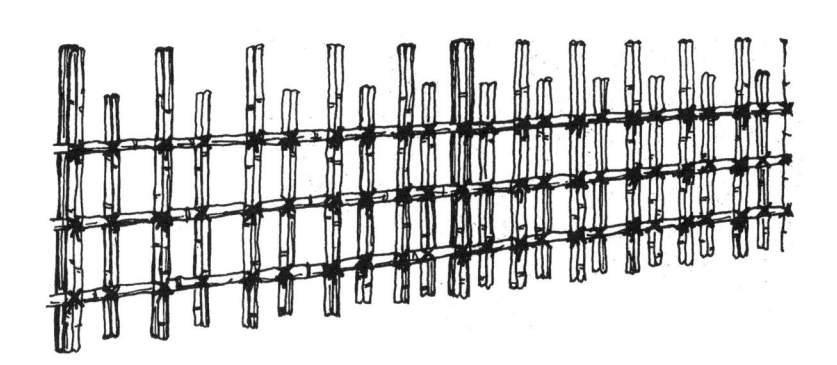

四つ目垣
yotsumegaki

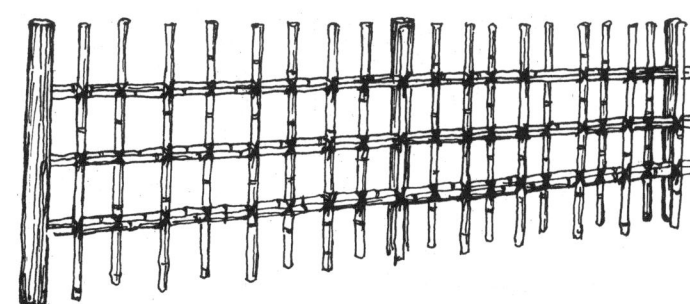

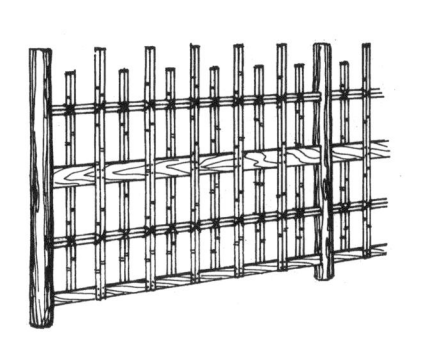

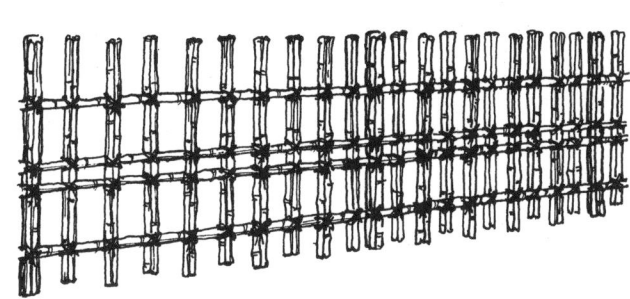

四つ目垣（関西式）
yotsumegaki (kansaishiki)

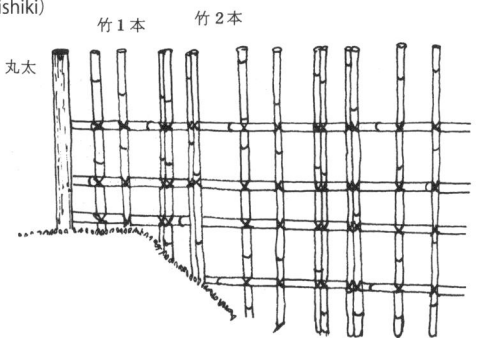

丸太　竹1本　竹2本

真の四つ目垣
shinnoyotsumegaki

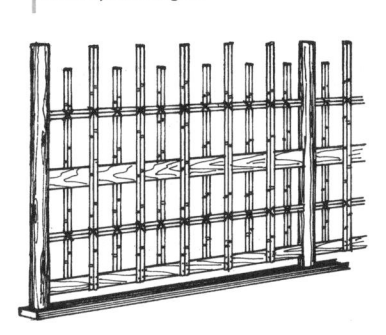

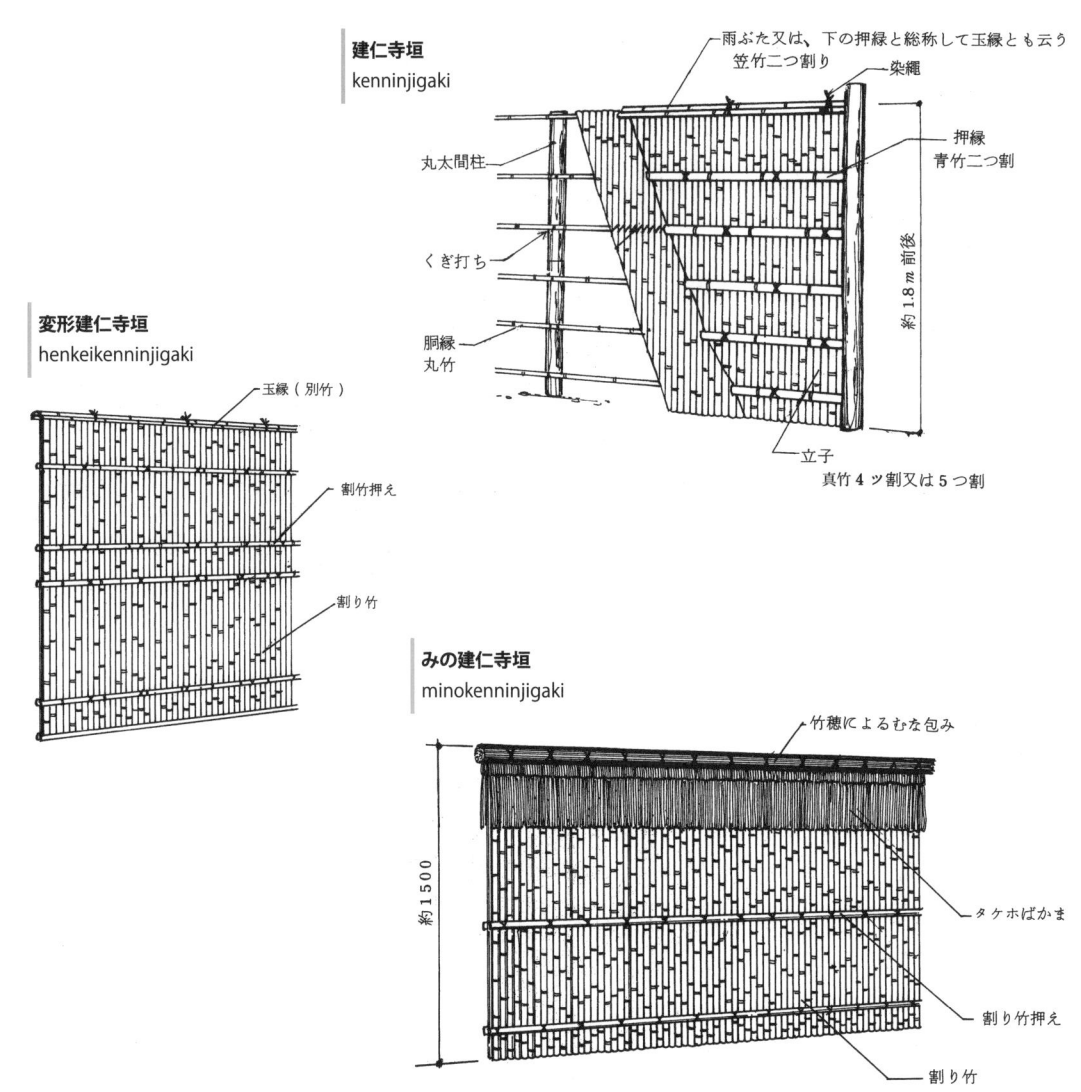

垣根・そで垣・枝折戸・揚簾戸・簾戸 kakine, sodegaki, shiorido, agesudo, sudo

建仁寺垣
kenninjigaki

- 雨ぶた又は、下の押縁と総称して玉縁とも云う
- 笠竹二つ割り
- 染縄
- 押縁 青竹二つ割
- 丸太間柱
- くぎ打ち
- 胴縁 丸竹
- 立子 真竹4ツ割又は5つ割
- 約1.8m前後

変形建仁寺垣
henkeikenninjigaki

- 玉縁（別竹）
- 割竹押え
- 割り竹

みの建仁寺垣
minokenninjigaki

- 竹穂によるむな包み
- タケホばかま
- 割り竹押え
- 割り竹
- 約1500

真の建仁寺垣
shinnokenninjigaki

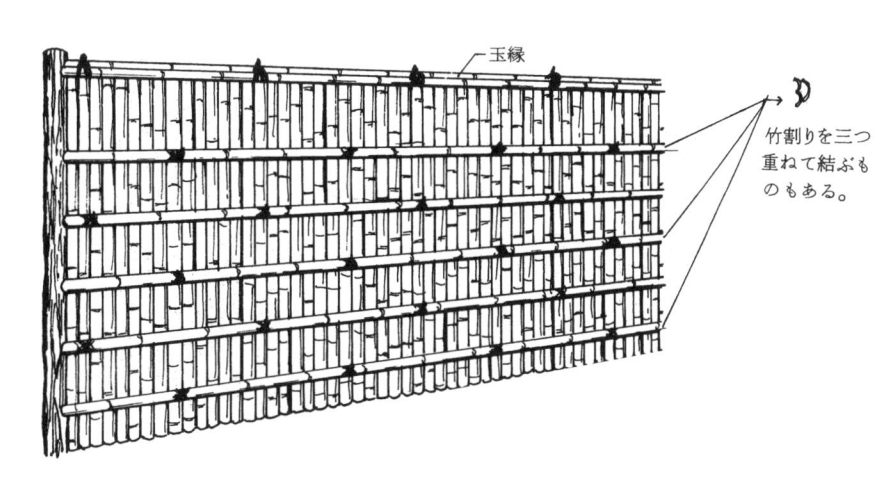

玉縁

竹割りを三つ
重ねて結ぶも
のもある。

行の建仁寺垣(茶庭向)
gyounokenninjigaki (chaniwamuki)

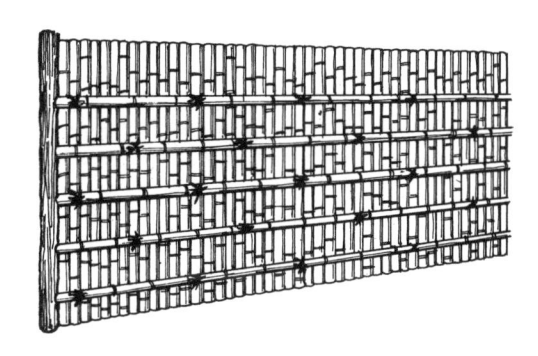

草の建仁寺垣(茶庭向)
sounokenninjigaki (chaniwamuki)

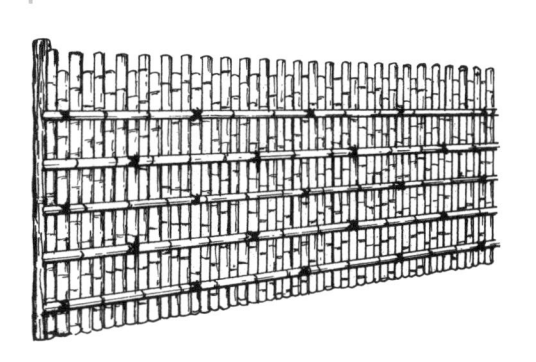

垣根・そで垣・枝折戸・揚簾戸・簾戸 kakine,sodegaki,shiorido,agesudo,sudo

下透かし建仁寺垣
shitasukashikenninjigaki

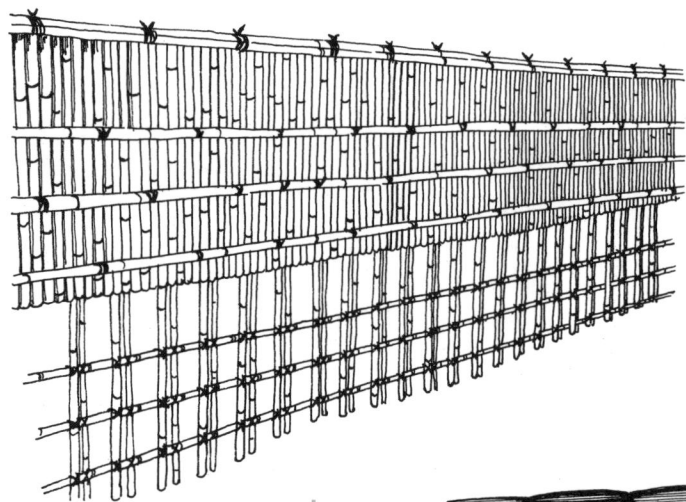

透かし垣
sukashigaki

遮蔽垣
shaheigaki

はぎ垣
hagigaki

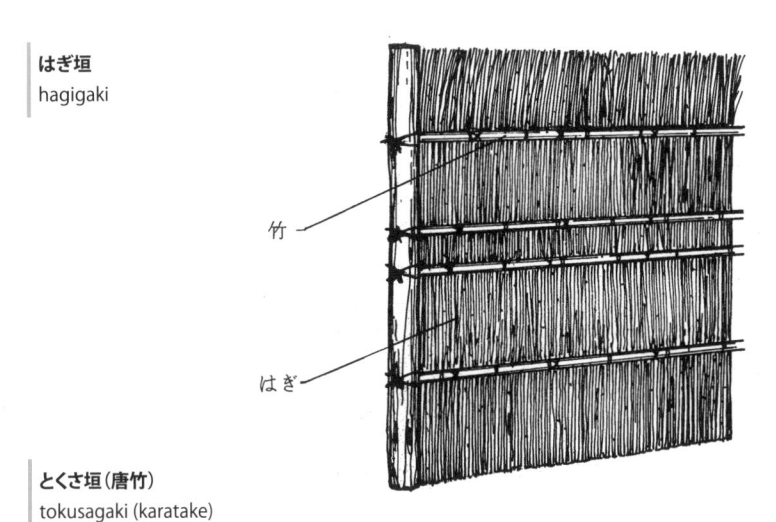

竹

はぎ

とくさ垣（唐竹）
tokusagaki (karatake)

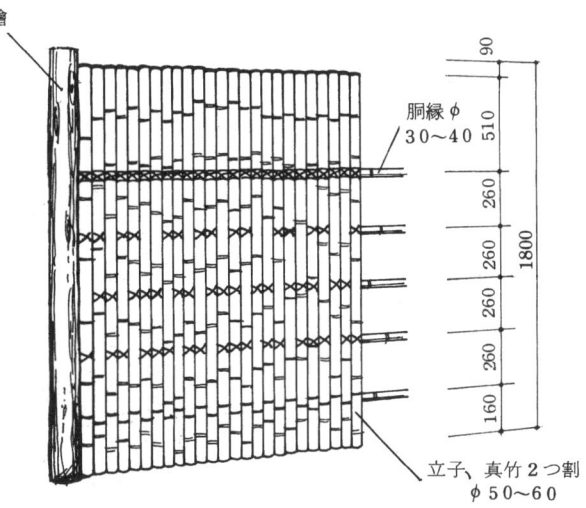

留柱末口φ90 檜

胴縁φ
30～40

90
510
260
260
260
260
160
1800

立子、真竹2つ割
φ50～60

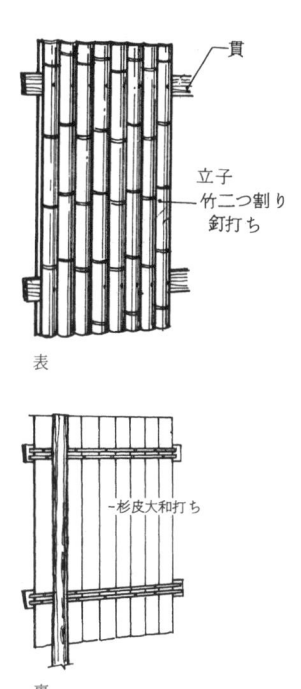

貫

立子
竹二つ割り
釘打ち

表

杉皮大和打ち

裏

垣根・そで垣・枝折戸・揚簾戸・簾戸 kakine, sodegaki, shiorido, agesudo, sudo

みの垣 minogaki

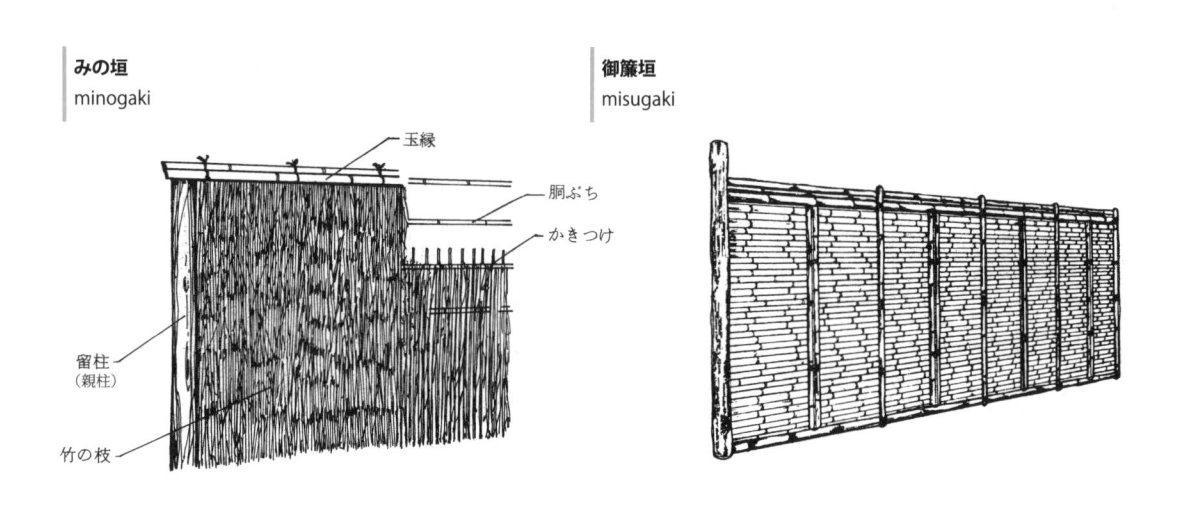

- 玉縁
- 胴ぶち
- かきつけ
- 留柱（親柱）
- 竹の枝

御簾垣 misugaki

立合い垣 tachiaigaki

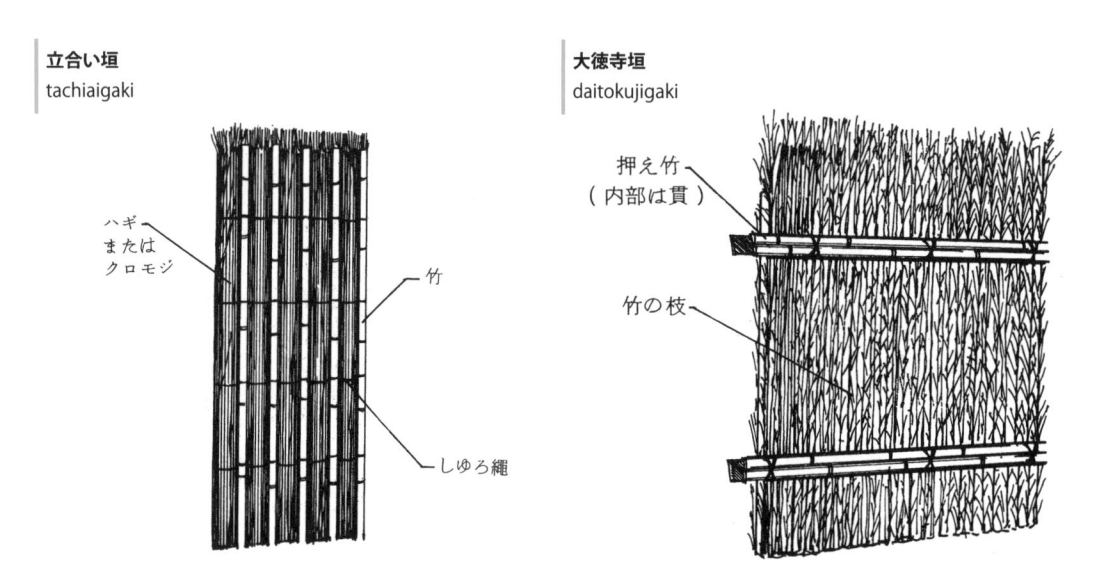

- ハギまたはクロモジ
- 竹
- しゅろ縄

大徳寺垣 daitokujigaki

- 押え竹（内部は貫）
- 竹の枝

竹穂垣
takehogaki

目関垣
mesekigaki

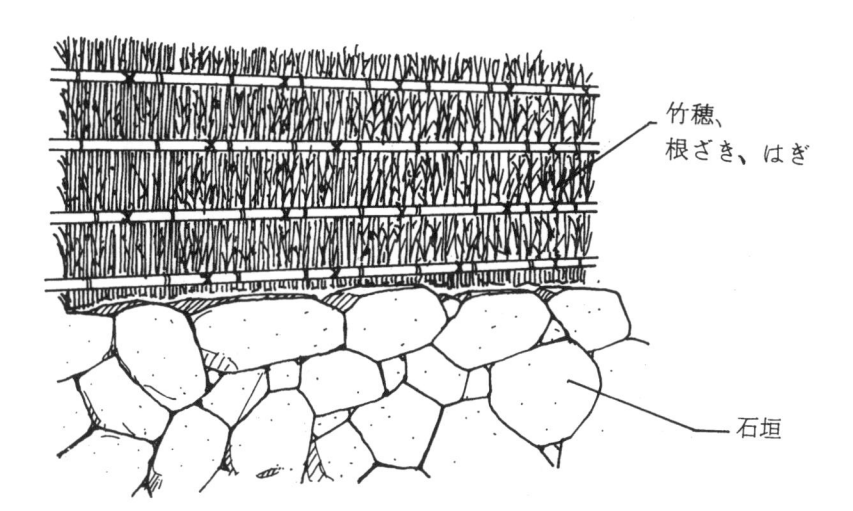

竹穂、根ざき、はぎ

石垣

垣根・そで垣・枝折戸・揚簾戸・簾戸 kakine, sodegaki, shiorido, agesudo, sudo

竹生垣
takeikegaki

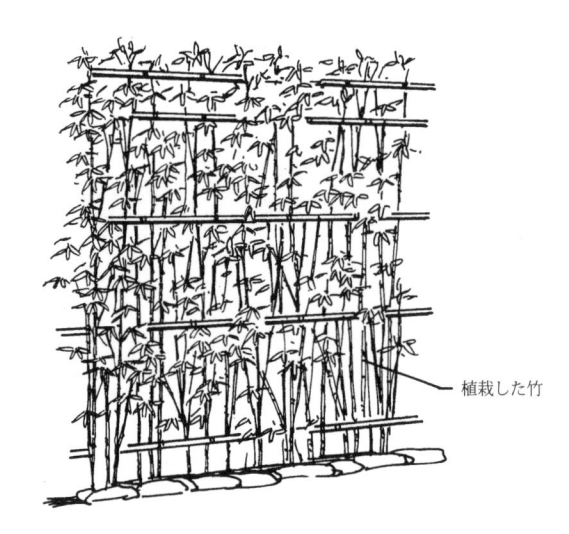

植栽した竹

長福寺垣
chouhukujigaki

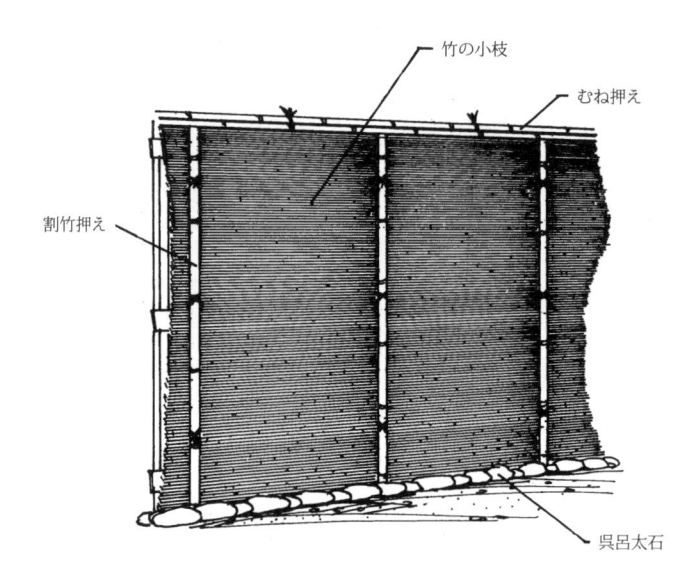

竹の小枝

むね押え

割竹押え

呉呂太石

金閣寺垣
kinkakujigaki

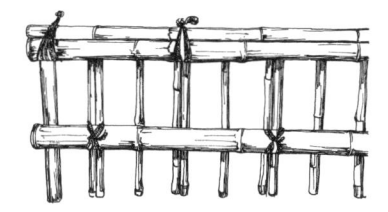

銀閣寺垣
ginkakujigaki

- 玉縁
- 押縁

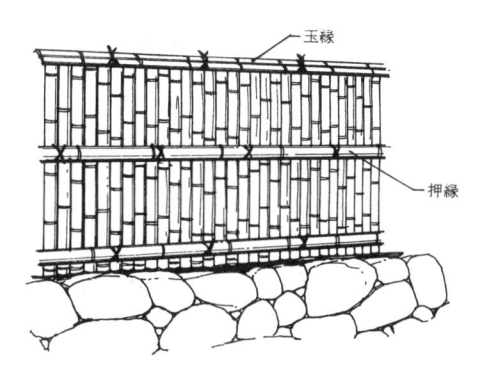

光悦寺垣(臥牛垣)
kouetsujigaki (gagyuugaki)

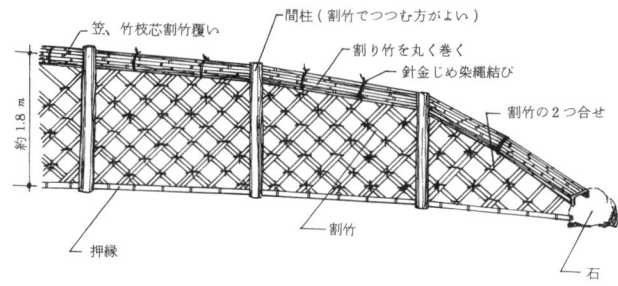

- 笠、竹枝芯割竹覆い
- 間柱(割竹でつつむ方がよい)
- 割り竹を丸く巻く
- 針金じめ染縄結び
- 割竹の2つ合せ
- 約1.8 m
- 押縁
- 割竹
- 石

桂垣
katsuragaki

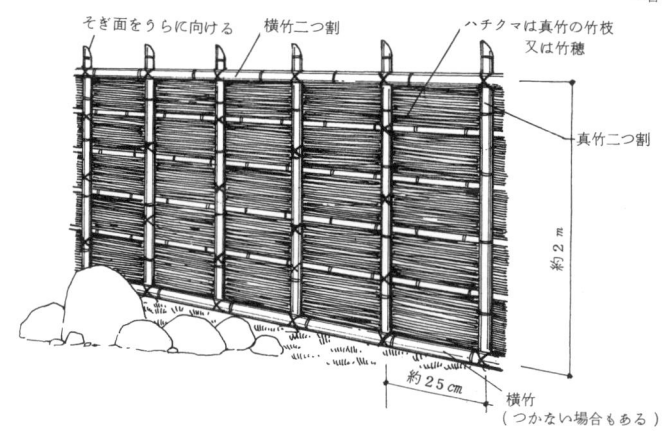

- そぎ面をうらに向ける
- 横竹二つ割
- ハチクマは真竹の竹枝又は竹穂
- 真竹二つ割
- 約2 m
- 約25cm
- 横竹(つかない場合もある)

垣根・そで垣・枝折戸・揚簾戸・簾戸 kakine, sodegaki, shiorido, agesudo, sudo

生垣
ikegaki

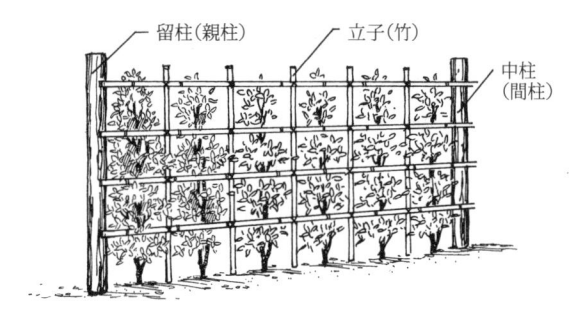

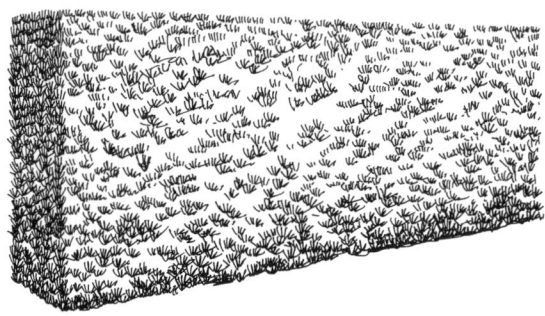

- 留柱（親柱）
- 立子（竹）
- 中柱（間柱）

茨垣
ibaragaki

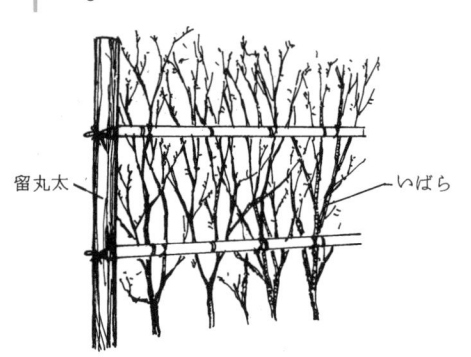

- 留丸太
- いばら

裾垣
susogaki

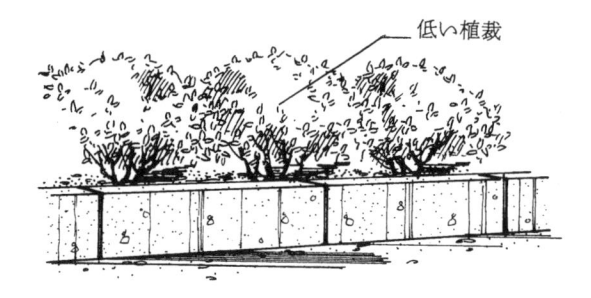

- 低い植栽

沼津垣（網代垣）
numazugaki (ajirogaki)

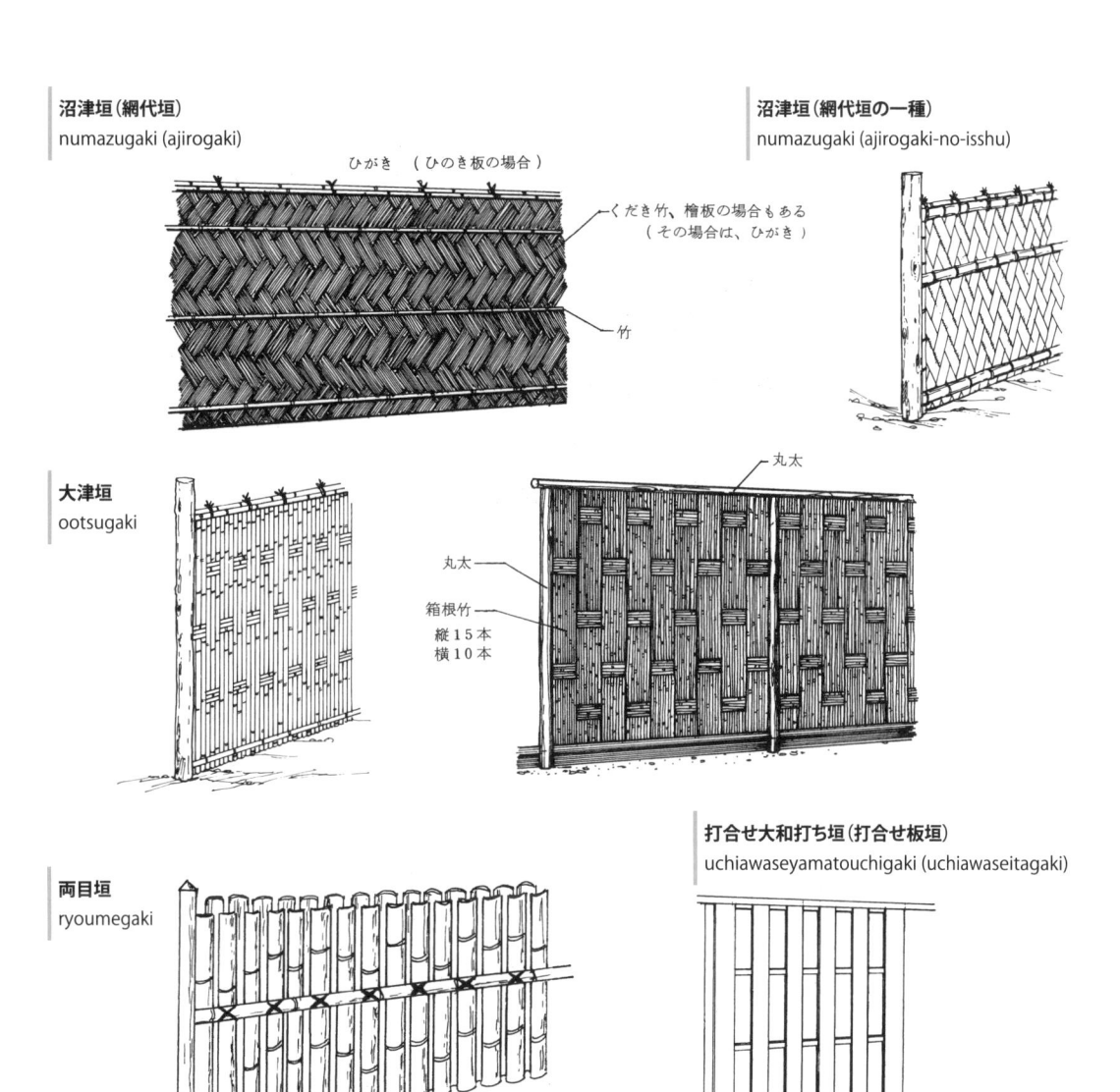

ひがき（ひのき板の場合）
くだき竹、檜板の場合もある（その場合は、ひがき）
竹

沼津垣（網代垣の一種）
numazugaki (ajirogaki-no-isshu)

大津垣
ootsugaki

丸太
丸太
箱根竹
縦15本
横10本

打合せ大和打ち垣（打合せ板垣）
uchiawaseyamatouchigaki (uchiawaseitagaki)

両目垣
ryoumegaki

垣根・そで垣・枝折戸・揚簾戸・簾戸 kakine,sodegaki,shiorido,agesudo,sudo

矢来垣
yaraigaki

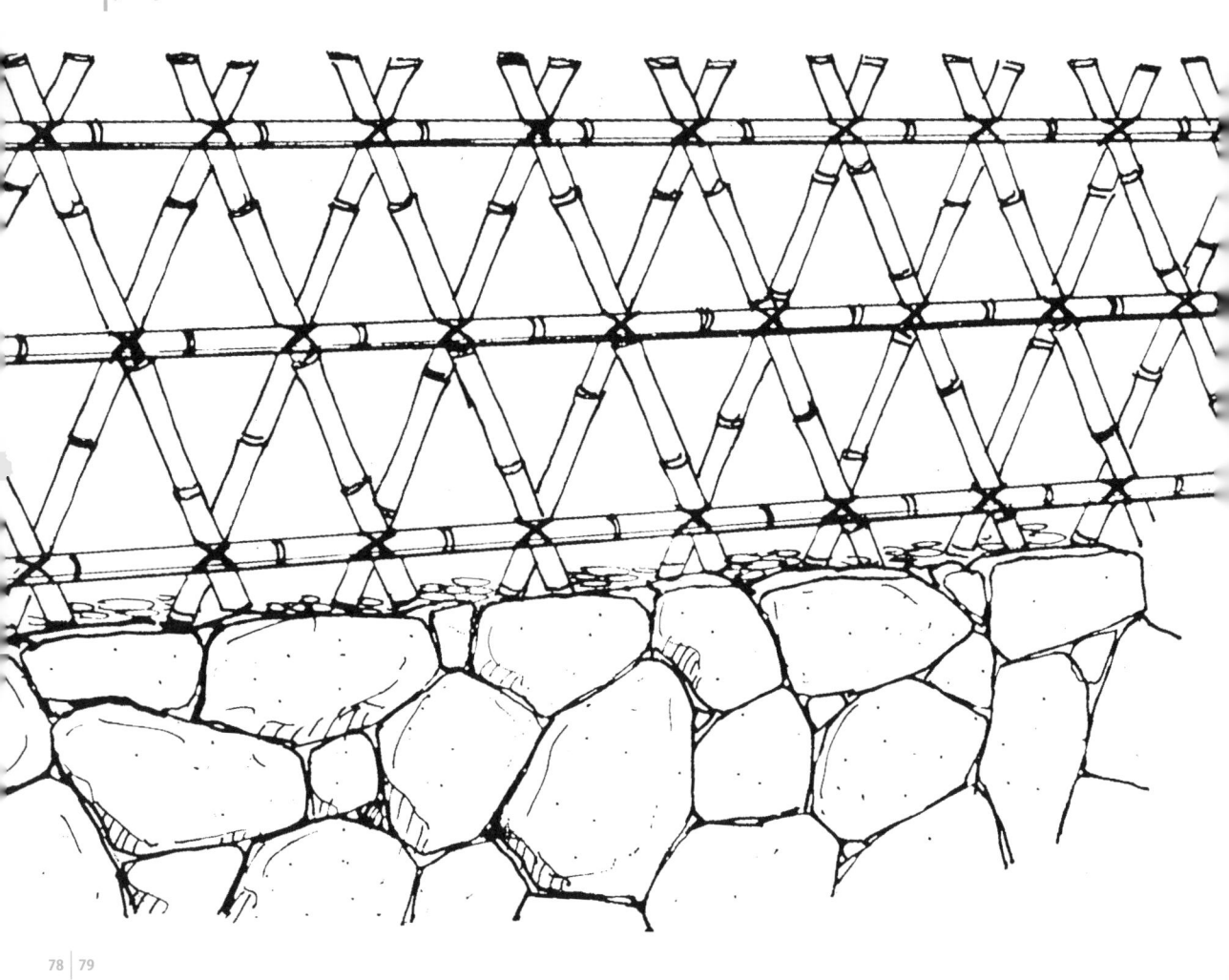

矢来垣
yaraigaki

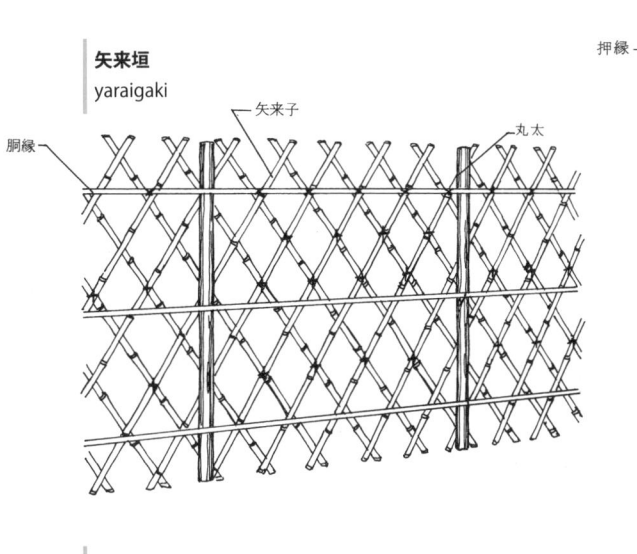

胴縁 ／ 矢来子 ／ 丸太

押縁 ／ 矢来子

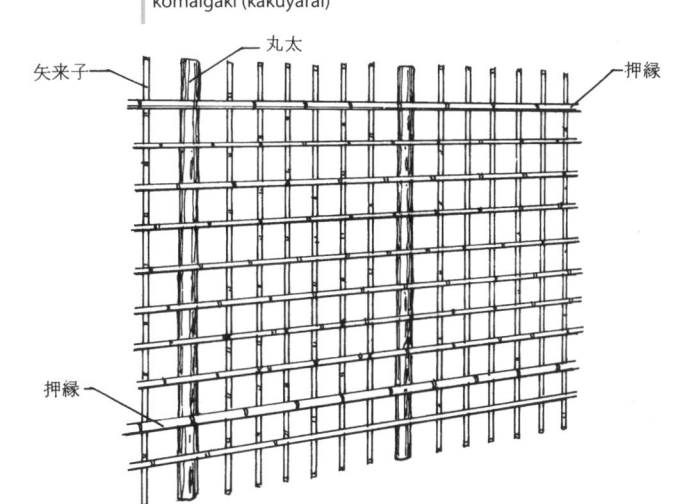

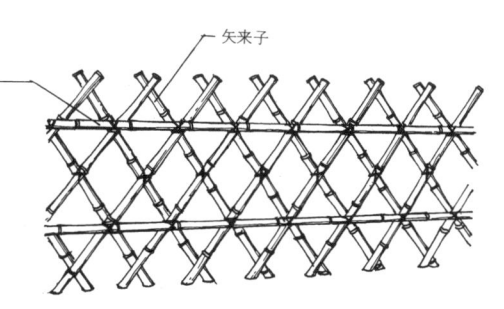

透かし垣の簡単なもの
sukashigaki-no-kantannamono

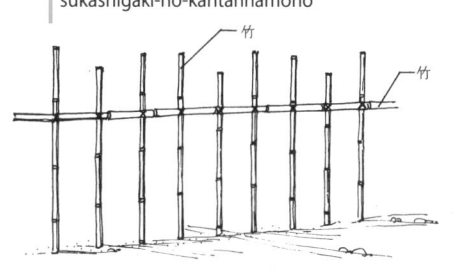

竹 ／ 竹

木舞垣（角矢来）
komaigaki (kakuyarai)

矢来子 ／ 丸太 ／ 押縁 ／ 押縁

利休垣
rikyuugaki

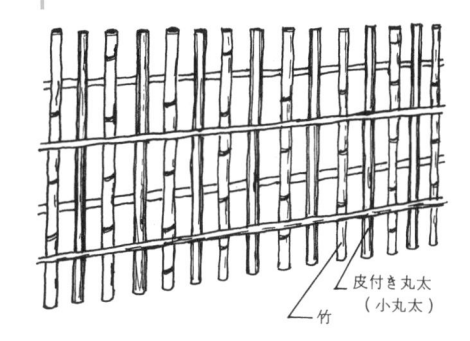

竹 ／ 皮付き丸太（小丸太）

垣根・そで垣・枝折戸・揚簀戸・簾戸 kakine, sodegaki, shiorido, agesudo, sudo

そで垣
sodegaki

穂垣・柴そで垣
hogaki, shibasodegaki

建仁寺そで垣
kenninjisodegaki

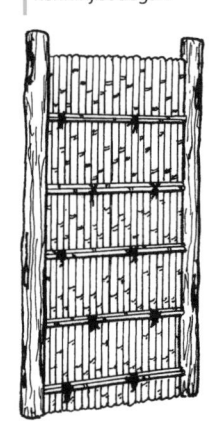

変形四つ目そで垣
henkeiyotsumesodegaki

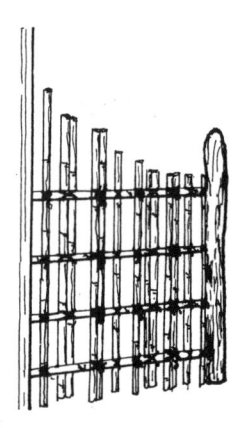

茶筅垣
chasengaki

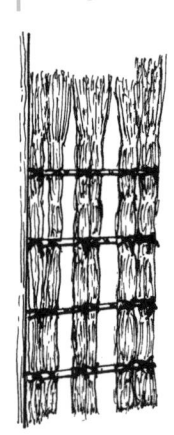

そで垣
sodegaki

ひし垣
hishigaki

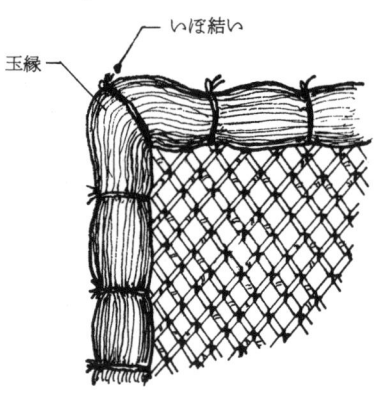

いぼ結い
玉縁

風帳垣 huuchougaki	**光悦寺そで垣** kouetsujisodegaki	**そで垣** sodegaki
よろい形そで垣 yoroigatasodegaki	**円窓ひし垣** ensouhishigaki	**高らいそで垣** kouraisodegaki

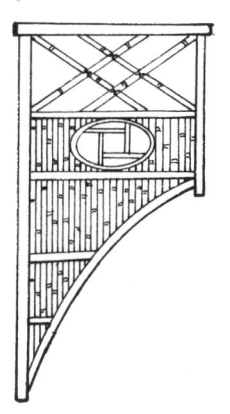

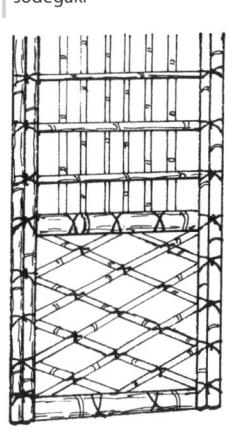

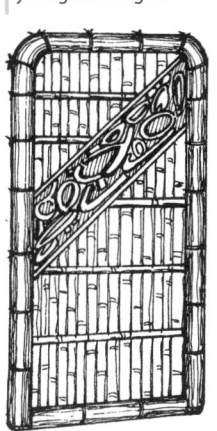

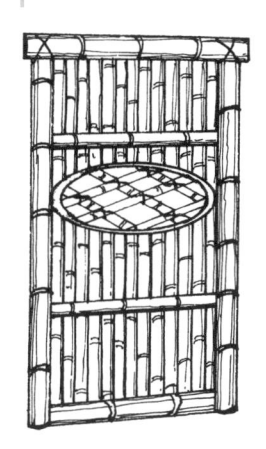

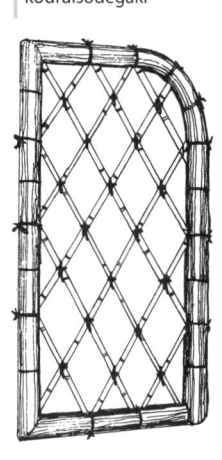

親柱(割竹でつつむ方がよい)

垣根・そで垣・枝折戸・揚簾戸・簾戸 kakine, sodegaki, shiorido, agesudo, sudo

枝折戸
shiorido

網代枝折戸
ajiroshiorido

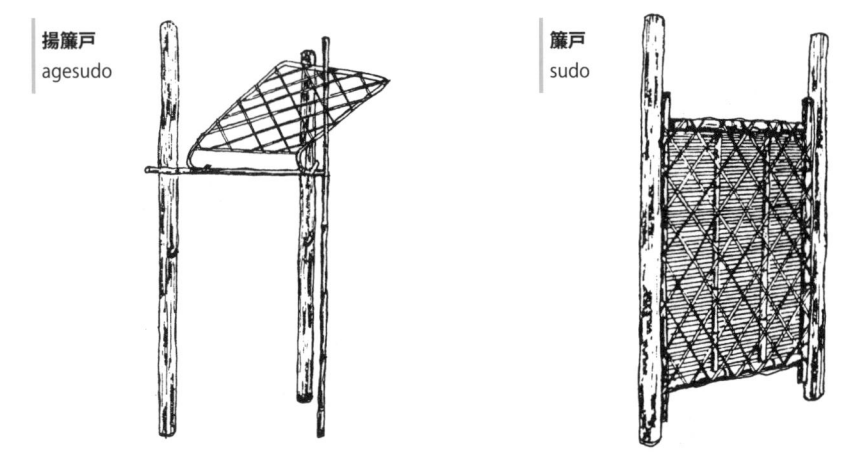

揚簾戸
agesudo

簾戸
sudo

飛石・延段・敷石・ちり穴・のぞき石・関守石
中潜り付近の飛石・略伝踏段・横勝手踏段・軒内三石

tobiishi,nobedan,shikiishi,chiriana,nozokiishi,sekimoriishi
nakakugurihukin-no-tobiishi,ryakudenhumidan,yokogattehumidan,
nokiuchisanseki

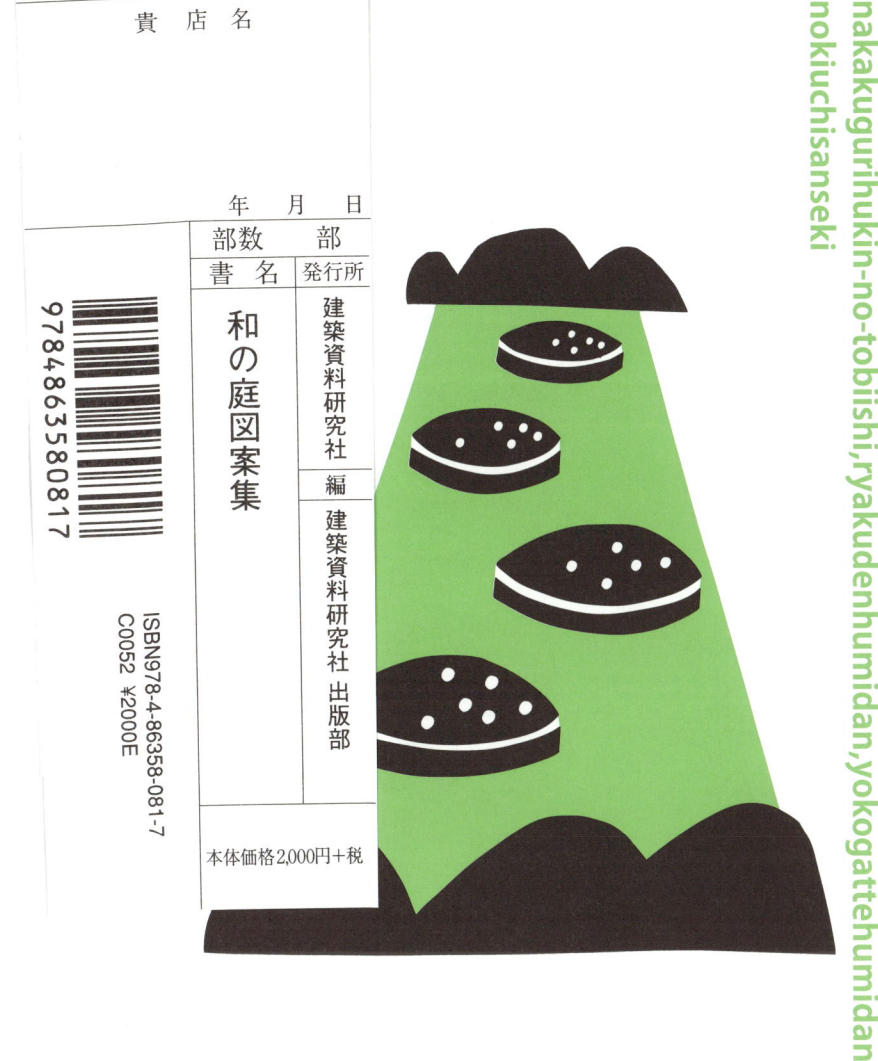

定価
2,200円
税10%

補充注文カード

貴 店 名

年　月　日
部数　　部
書　名　　発行所
和の庭図案集　　建築資料研究社
　　　　　　　　　編
　　　　　　　　　建築資料研究社 出版部

9784863580817

ISBN978-4-86358-081-7
C0052 ¥2000E

本体価格2,000円+税

飛石・延段・敷石・ちり穴・のぞき石・関守石・中潜り付近の飛石・略伝踏段・横勝手踏段・軒内三石
tobiishi,nobedan,shikiishi,chiriana,nozokiishi,sekimoriishi,nakakugurihukin-no-tobiishi,ryakudenhumidan,yokogattehumidan,nokiuchisanseki

飛石の打ち方
tobiishi-no-uchikata

直打
chokuuchi

二連打
nirenuchi

三連打
sanrenuchi

四連打
yorenuchi

渡り

五連打
gorenuchi

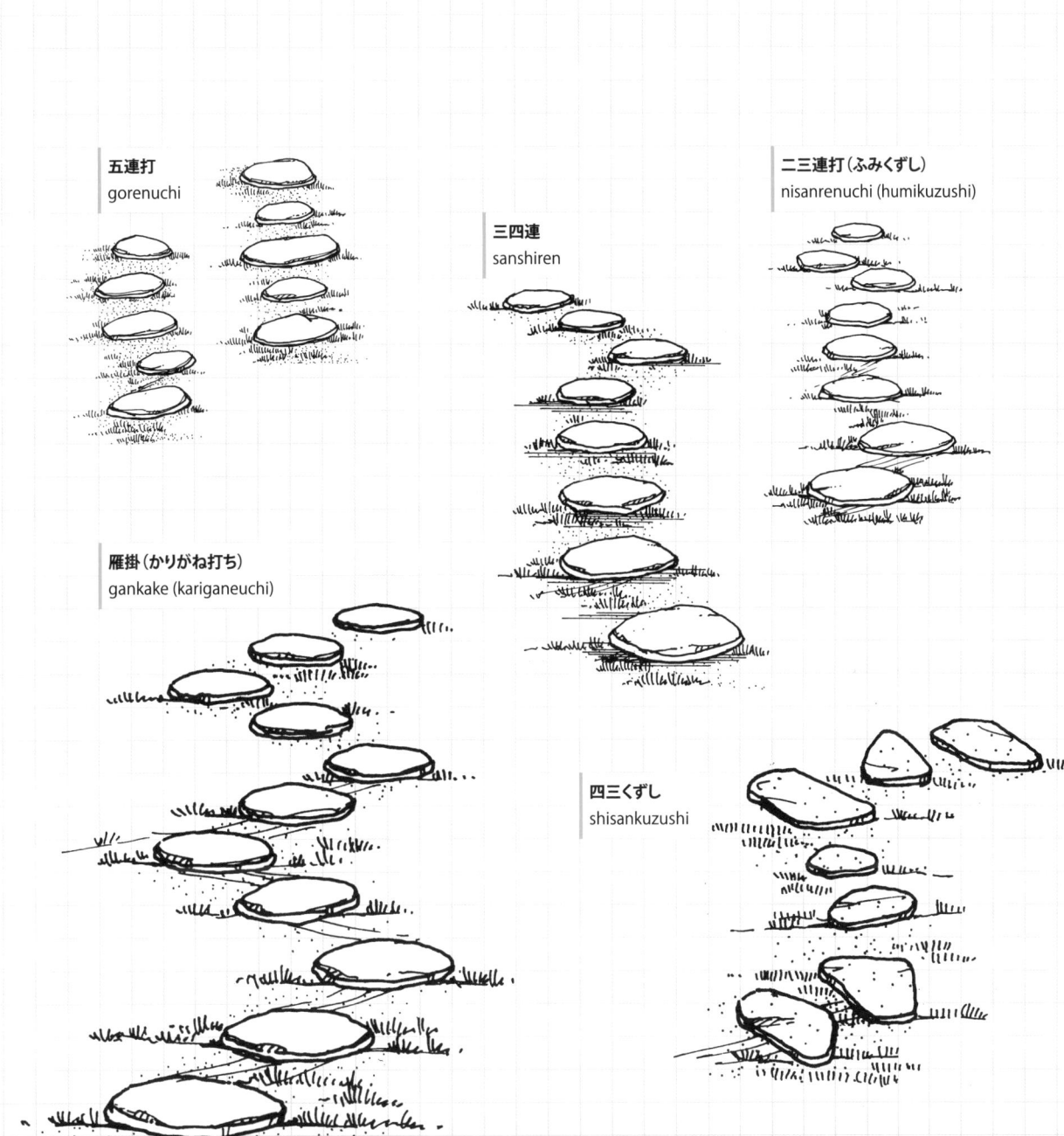

三四連
sanshiren

二三連打（ふみくずし）
nisanrenuchi (humikuzushi)

雁掛（かりがね打ち）
gankake (kariganeuchi)

四三くずし
shisankuzushi

飛石・延段・敷石・ちり穴・のぞき石・関守石・中潜り付近の飛石・略伝踏段・横勝手踏段・軒内三石
tobiishi,nobedan,shikiishi,chiriana,nozokiishi,sekimoriishi,nakakugurihukin-no-tobiishi,ryakudenhumidan,yokogattehumidan,nokiuchisanseki

千鳥掛
chidorigake

大曲り
oomagari

筏打
ikadauchi

七五三打
shichigosanuchi

園路
enro

物見石・伽藍石・留石
monomiishi, garanishi, tomeishi

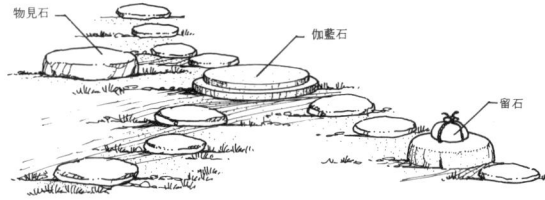

踏分石
humiwakeishi

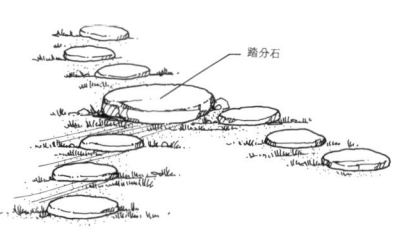

沢渡石
sawatariishi

飛石の継ぎ方
tobiishi-no-tsugikata

控え石
hikaeishi

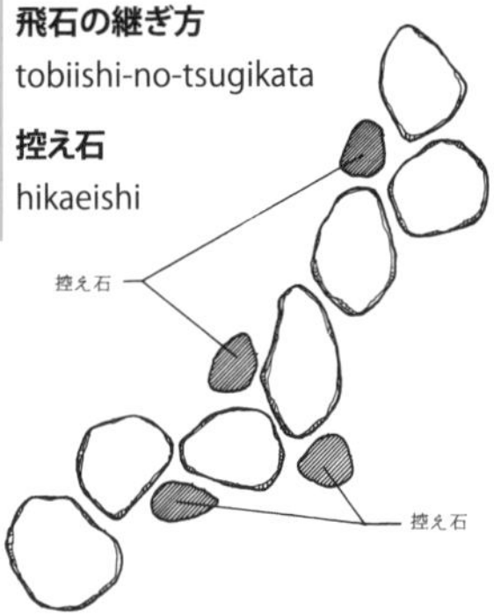

合いば
aiba

わきつぎ
wakitsugi

ほんつぎ
hontsugi

石うす
ishiusu

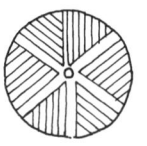

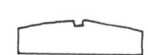

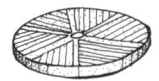

伽藍石
garanishi

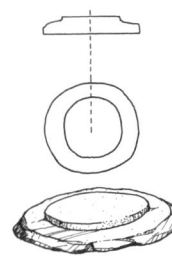

礎石
soseki

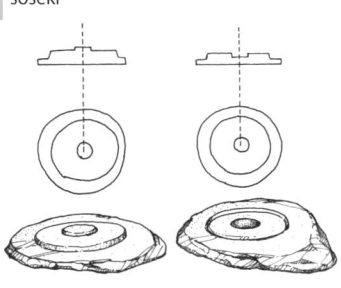

飛石・延段・敷石・ちり穴・のぞき石・関守石・中潜り付近の飛石・略伝踏段・横勝手踏段・軒内三石
tobiishi,nobedan,shikiishi,chiriana,nozokiishi,sekimoriishi,nakakugurihukin-no-tobiishi,ryakudenhumidan,yokogattehumidan,nokiuchisanseki

延段の敷き方
nobedan-no-shikikata

延段
nobedan

みかげ石と伊勢ゴロタの延段
mikageishitoisegorota-no-nobedan

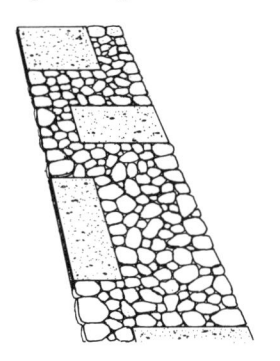

みかげ石の延段
mikageishi-no-nobedan

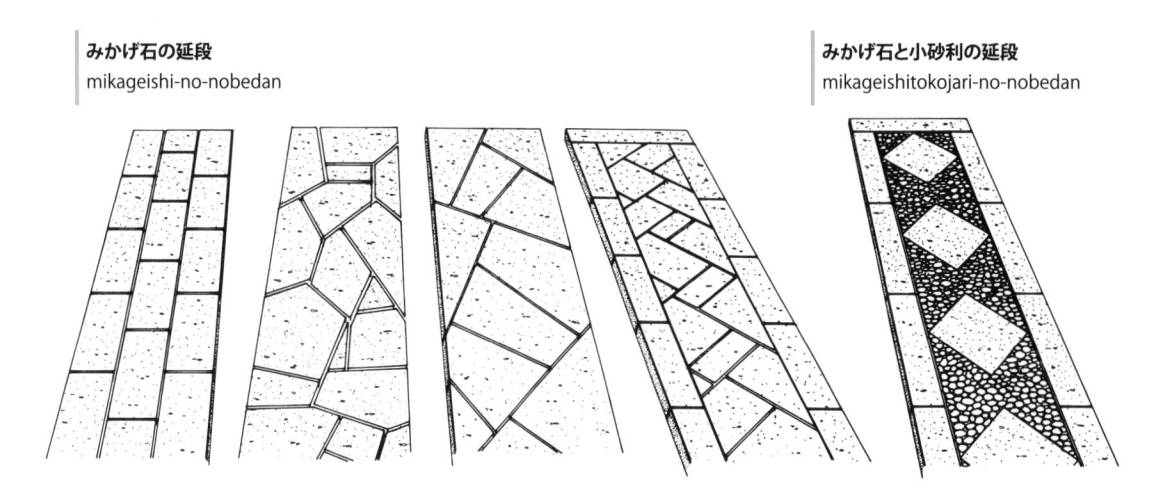

みかげ石と小砂利の延段
mikageishitokojari-no-nobedan

みかげ石と秩父青石の延段
mikageishitochichibuaoishi-no-nobedan

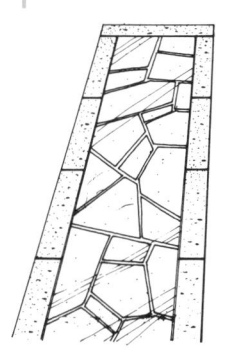

丹波石の延段
tanbaishi-no-nobedan

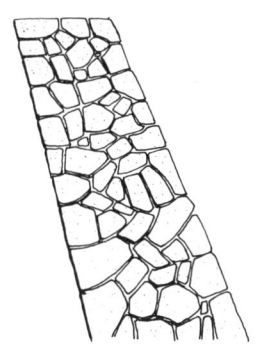

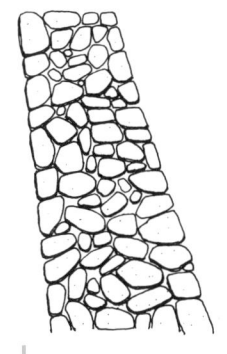

白河石の縁とみかげ板石の延段
shirakawaishinohuchitomikageitaishi-no-nobedan

伊予青石の延段
iyoaoishi-no-nobedan

丹波石と小砂利の延段
tanbaishitokojari-no-nobedan

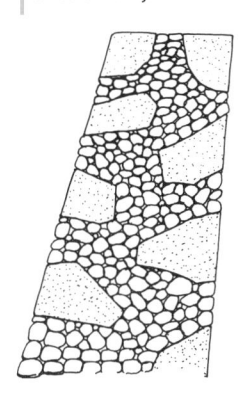

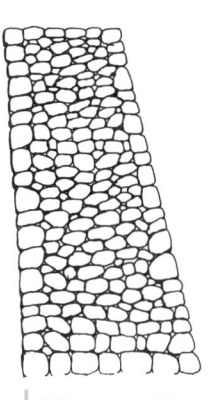

鉄平石乱張りの延段
teppeisekiranbari-no-nobedan

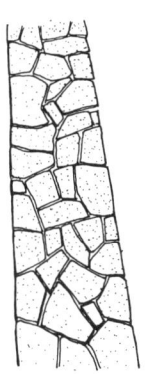

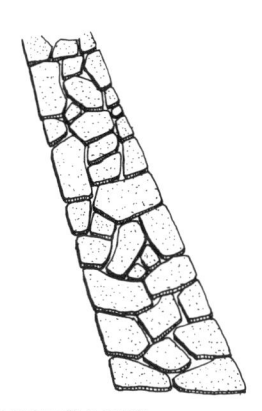

伊勢ゴロタの延段
isegorota-no-nobedan

秩父青石敷きの延段
chichibuaoishijiki-no-nobedan

飛石・延段・敷石・ちり穴・のぞき石・関守石・中潜り付近の飛石・略伝踏段・横勝手踏段・軒内三石
tobiishi,nobedan,shikiishi,chiriana,nozokiishi,sekimoriishi,nakakugurihukin-no-tobiishi,ryakudenhumidan,yokogattehumidan,nokiuchisanseki

みかげ切石と丹波石乱張りの延段
mikagekiriishitotanbaishiranbari-no-nobedan

大小の鉄平石片の組合せによる乱張りの延段
daishounoteppeisekihennokumiawaseniyoruranbari-no-nobedan

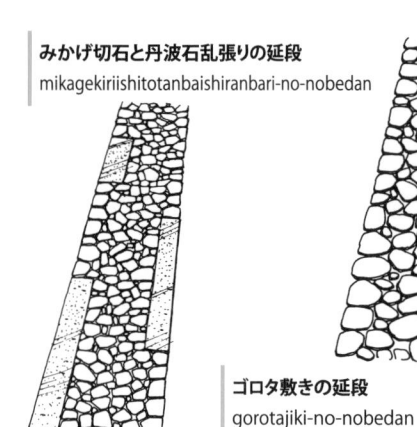

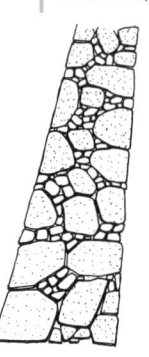

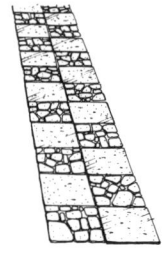

ゴロタ敷きの延段
gorotajiki-no-nobedan

みかげ切石と丹波石張りによる延段
mikagekiriishitotanbaishibariniyoru-nobedan

大判の丹波石を配した丹波石乱張りの延段
oobannotanbaishiwohaishitatanbaishiranbari-no-nobedan

丹波石乱張りの延段
tanbaishiranbari-no-nobedan

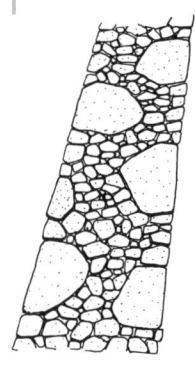

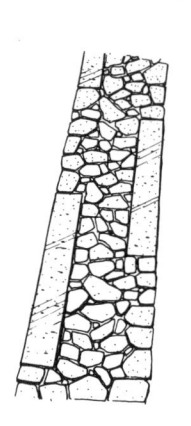

みかげ切石と鉄平石乱張りの組合せによる延段
mikagekiriishitoteppeiishiranbarinokumiawaseniyoru-nobedan

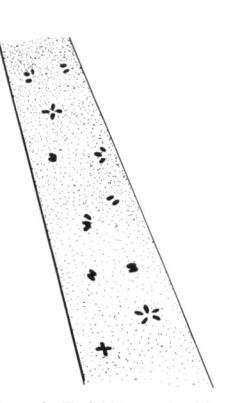

コンクリート舗装に那智黒砂利を配した延段
konkuriitohosouninachigurojariwohaishita-nobedan

敷石
shikiishi

短ざく石と自然石
tanzakuishitoshizenseki

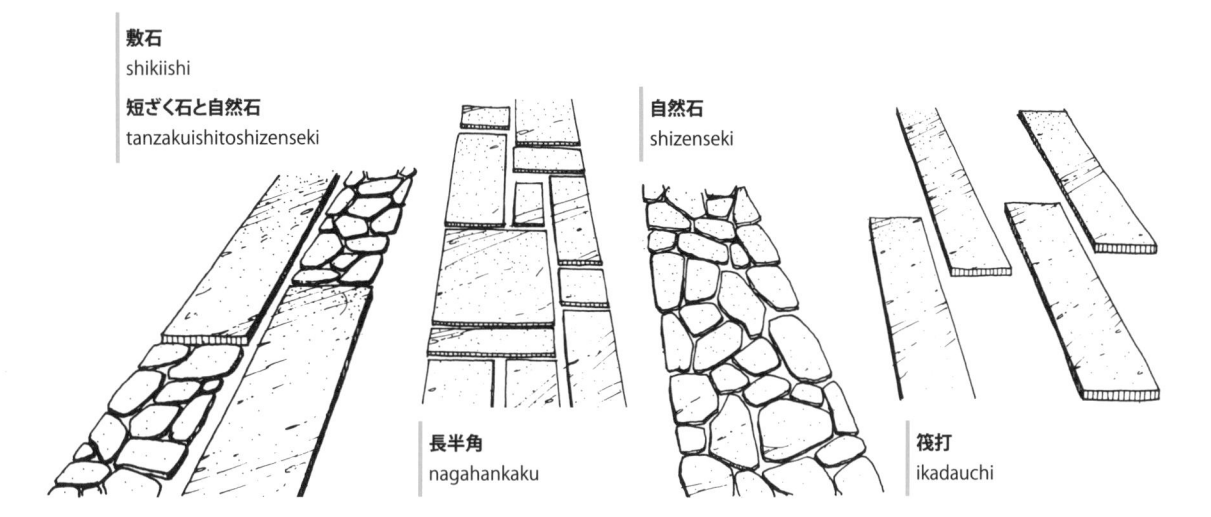

自然石
shizenseki

長半角
nagahankaku

筏打
ikadauchi

短ざく打ちの形態例
tanzakuuchi-no-keitairei

短ざく石と自然石
tanzakuishitoshizenseki

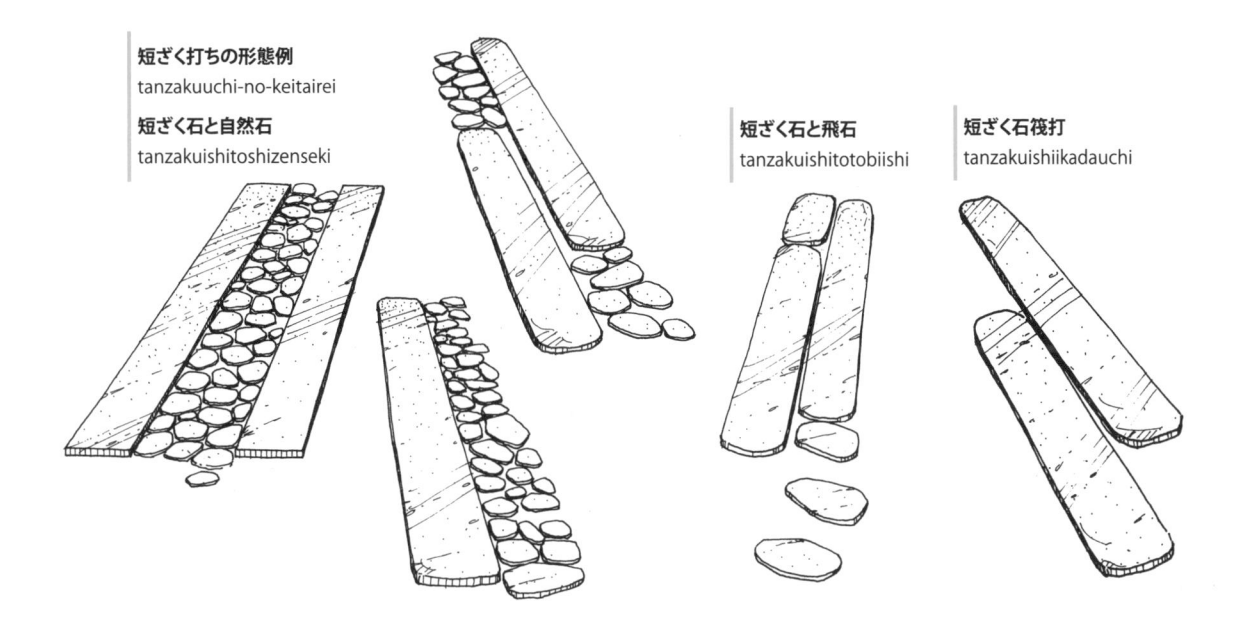

短ざく石と飛石
tanzakuishitotobiishi

短ざく石筏打
tanzakuishiikadauchi

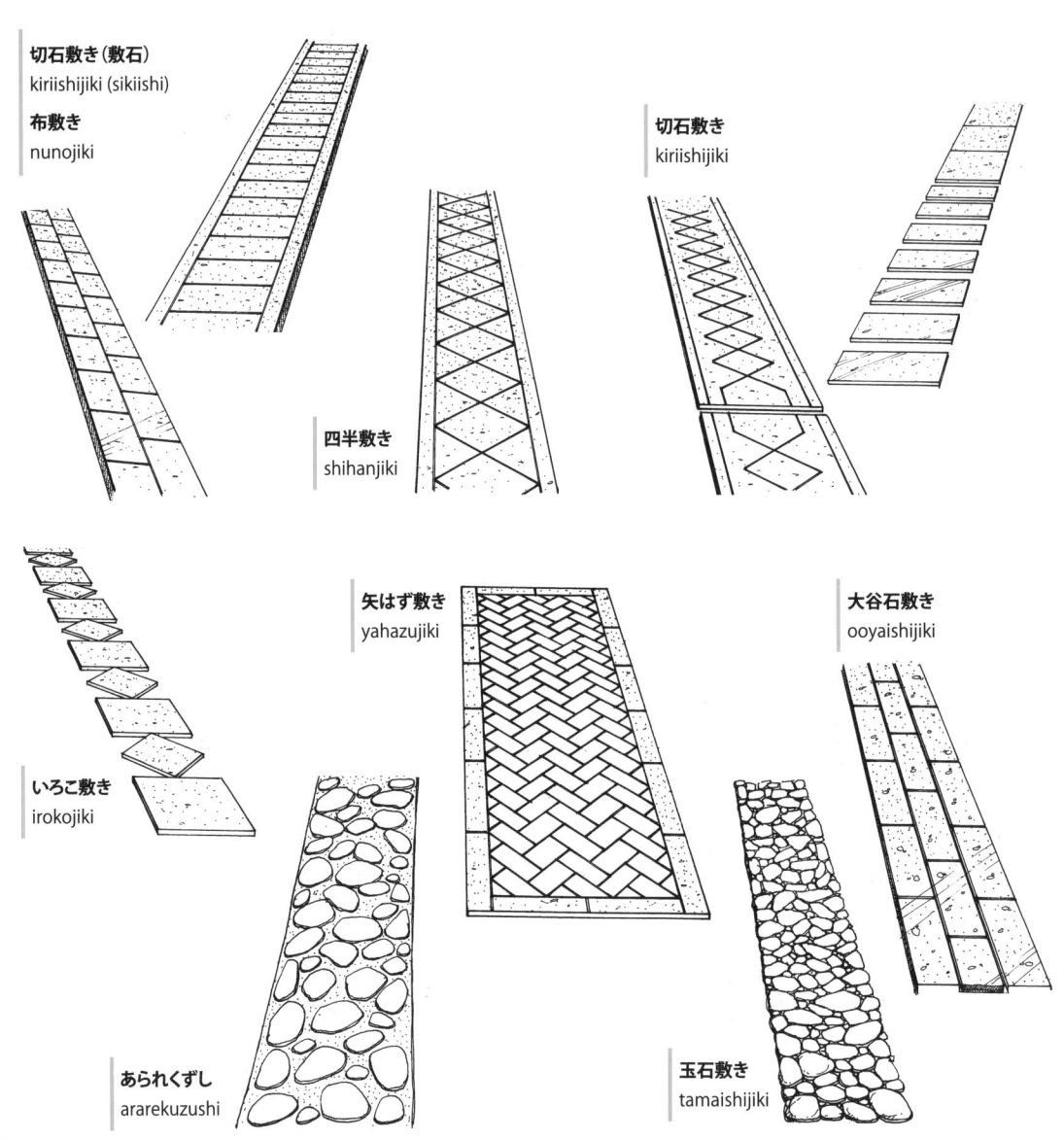

飛石・延段・敷石・ちり穴・のぞき石・関守石・中潜り付近の飛石・略伝踏段・横勝手踏段・軒内三石
tobiishi,nobedan,shikiishi,chiriana,nozokiishi,sekimoriishi,nakakugurihukin-no-tobiishi,ryakudenhumidan,yokogattehumidan,nokiuchisanseki

切石敷き（敷石）
kiriishijiki (sikiishi)

布敷き
nunojiki

切石敷き
kiriishijiki

四半敷き
shihanjiki

いろこ敷き
irokojiki

矢はず敷き
yahazujiki

大谷石敷き
ooyaishijiki

あられくずし
ararekuzushi

玉石敷き
tamaishijiki

ちり穴
chiriana

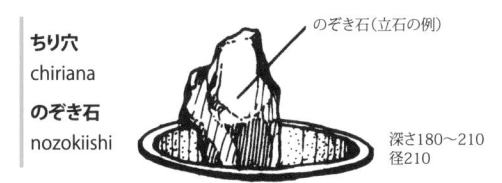

のぞき石
nozokiishi

のぞき石（立石の例）

深さ180〜210
径210

関守石
sekimoriishi

わらびなわ

ちり穴の例
chiriana-no-rei

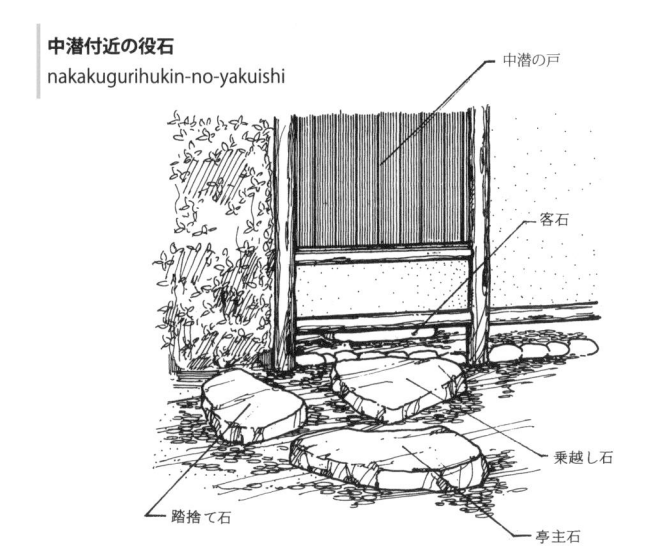

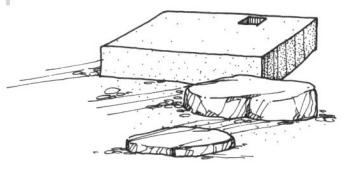

中潜付近の役石
nakakugurihukin-no-yakuishi

中潜の戸
客石
乗越し石
亭主石
踏捨て石

略伝踏段
ryakudenhumidan

横勝手踏段
yokogattehumidan

飛石・延段・敷石・ちり穴・のぞき石・関守石・中潜り付近の飛石・略伝踏段・横勝手踏段・軒内三石
tobiishi,nobedan,shikiishi,chiriana,nozokiishi,sekimoriishi,nakakugurihukin-no-tobiishi,ryakudenhumidan,yokogattehumidan,nokiuchisanseki

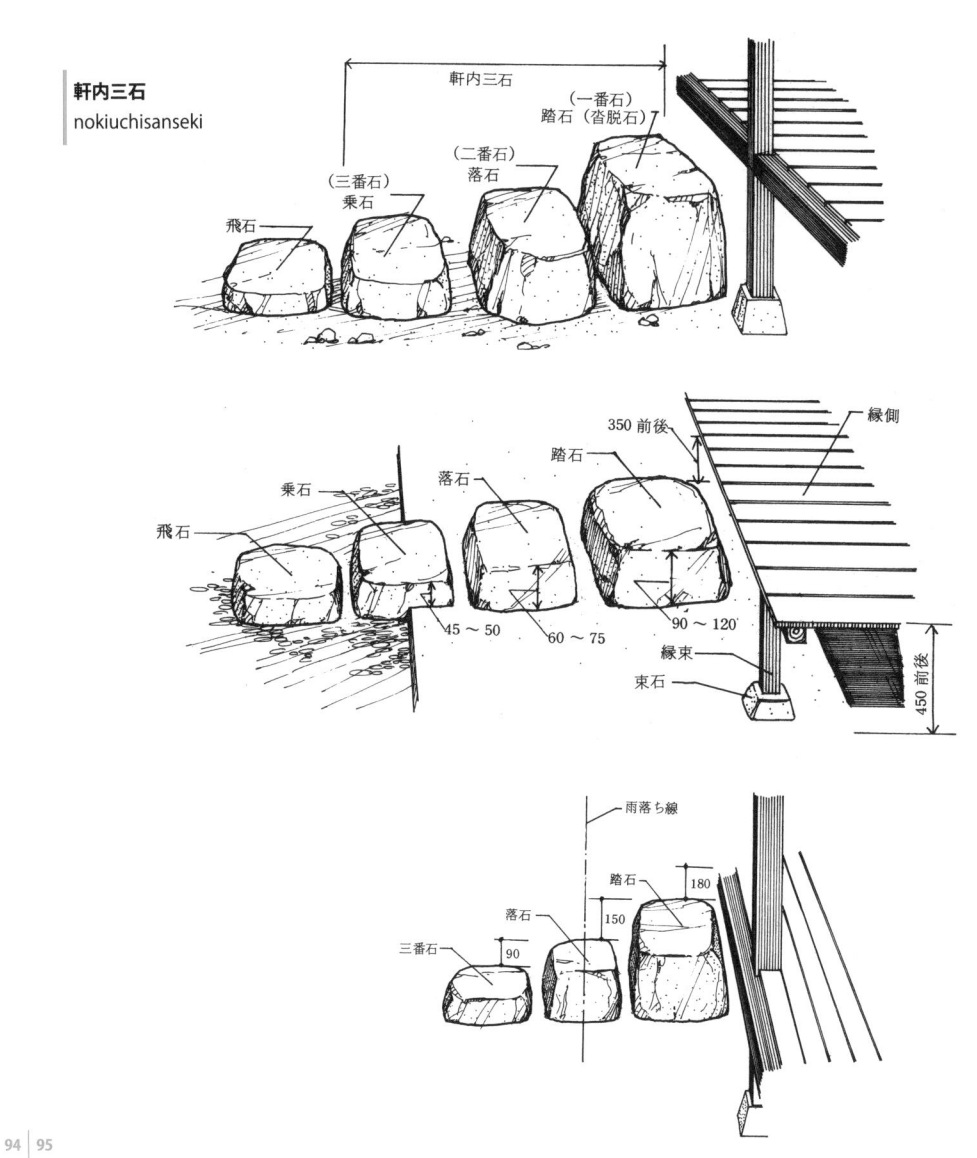

軒内三石
nokiuchisanseki

庭園の形態 teien-no-keitai

庭園の形態 teien-no-keitai

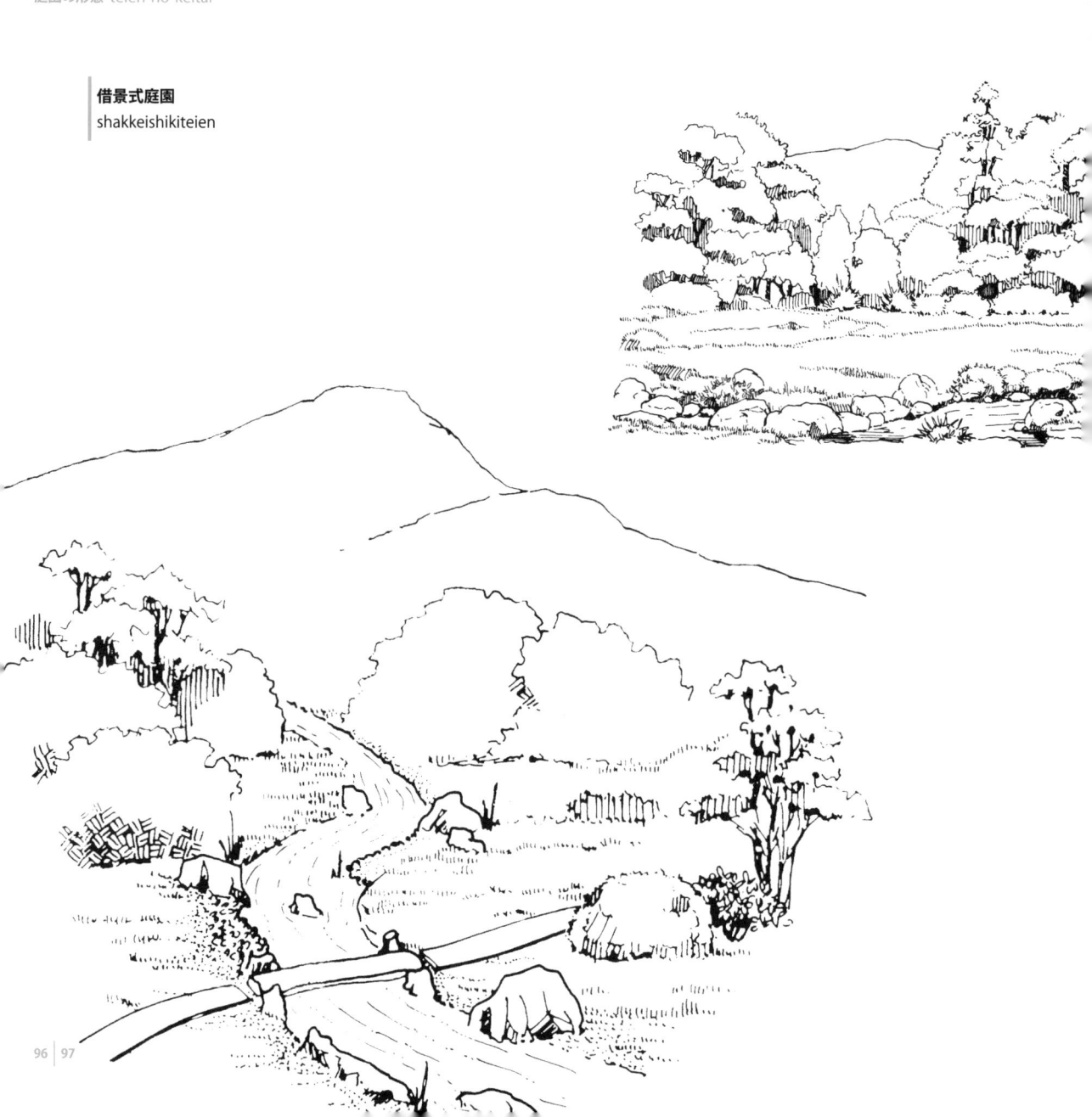

借景式庭園
shakkeishikiteien

寝殿造庭園
shindenzukuriteien

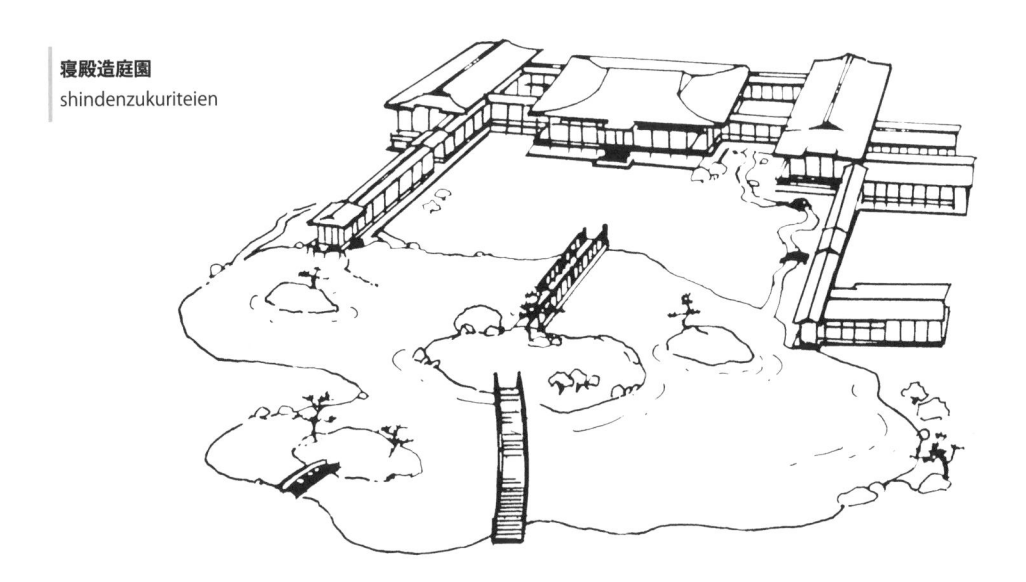

泮池
hanchi

庭園の形態 teien-no-keitai

上下二段式庭園
jougenidanshikiteien

曲水式池泉
kyokusuishikichisen

中庭
nakaniwa

庭園の形態 teien-no-keitai

小庭
koniwa

石組
ishigumi

石組 ishigumi

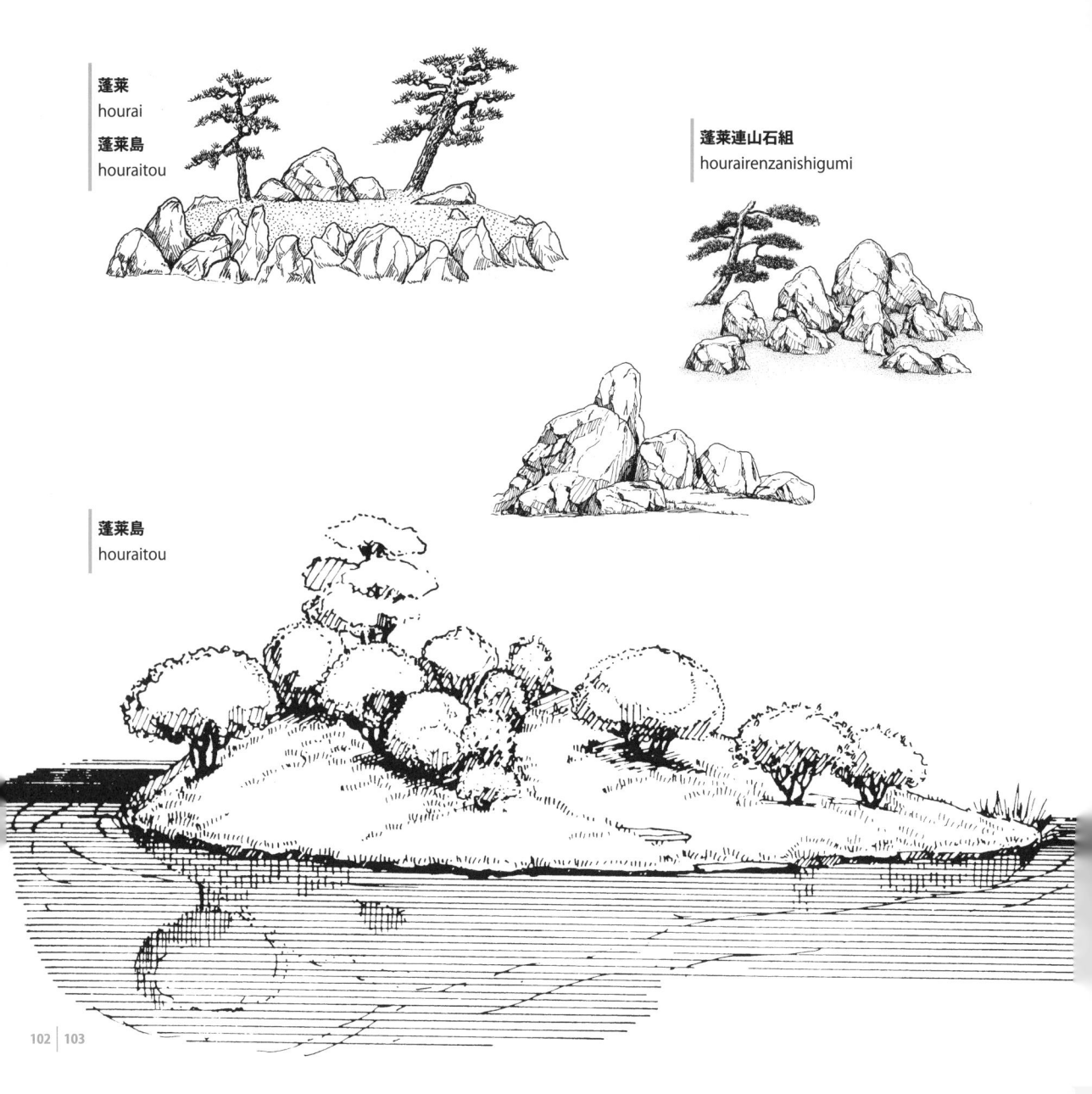

蓬莱
hourai

蓬莱島
houraitou

蓬莱連山石組
hourairenzanishigumi

蓬莱島
houraitou

鶴島
tsurujima

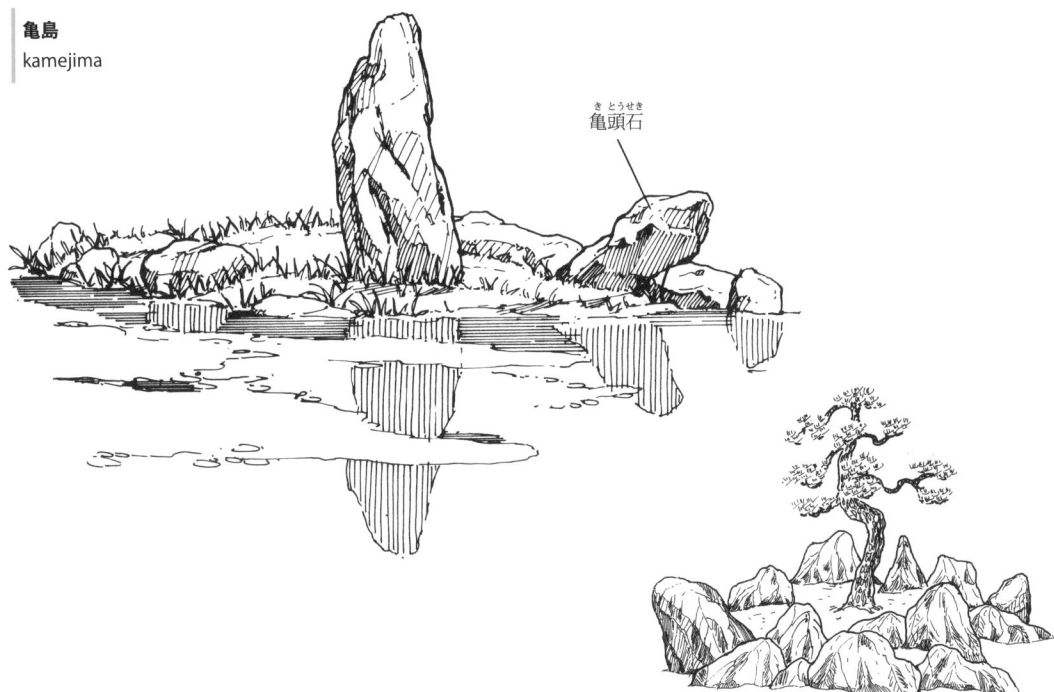

鶴首石
かくしゅせき

亀島
kamejima

亀頭石
きとうせき

石組 ishigumi

三尊石組
sanzonishigumi

須弥山式石組
shumisenshikiishigumi

岩島
gantou

護岸石組
goganishigumi

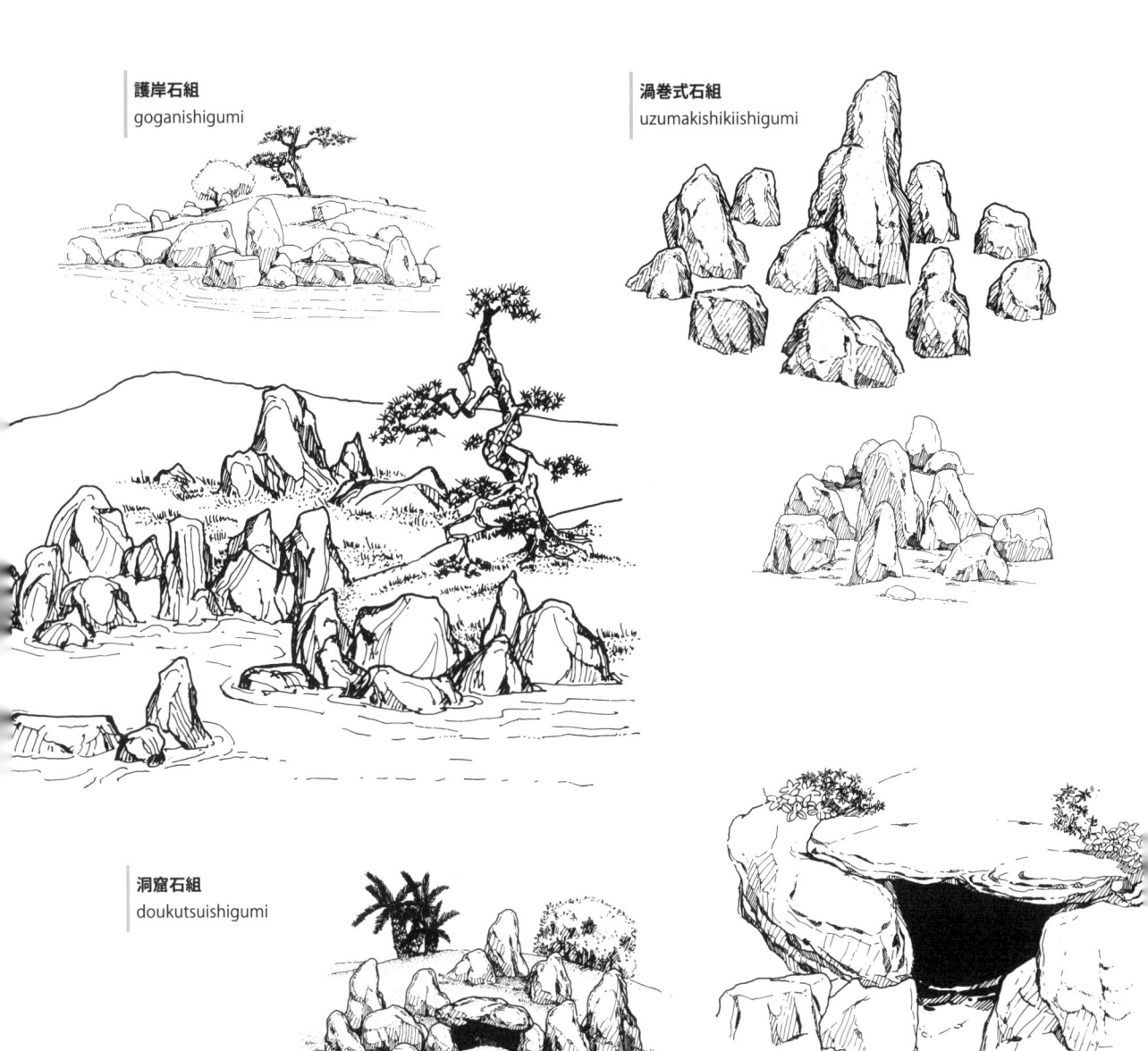

渦巻式石組
uzumakishikiishigumi

洞窟石組
doukutsuishigumi

石組 ishigumi

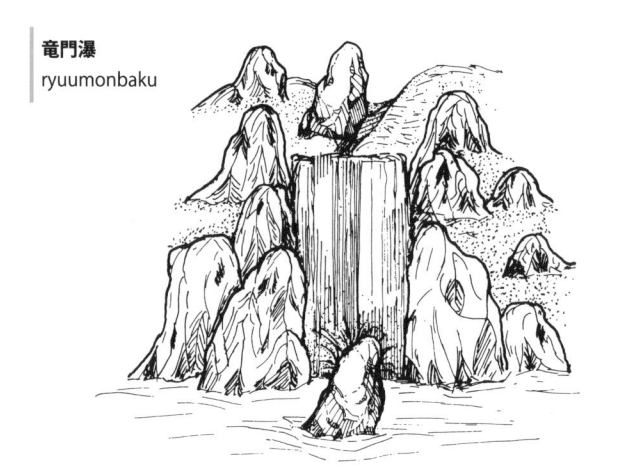

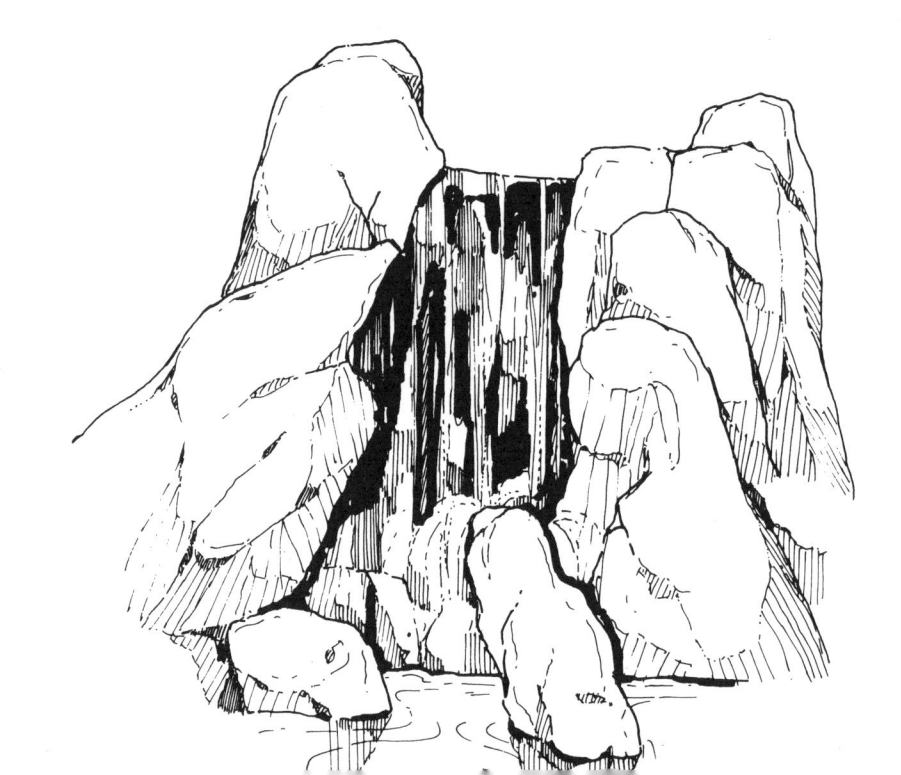

竜門瀑
ryuumonbaku

滝石組
takiishigumi

石組 ishigumi

石浜
ishihama

流れ
nagare

干潟様
higatayou

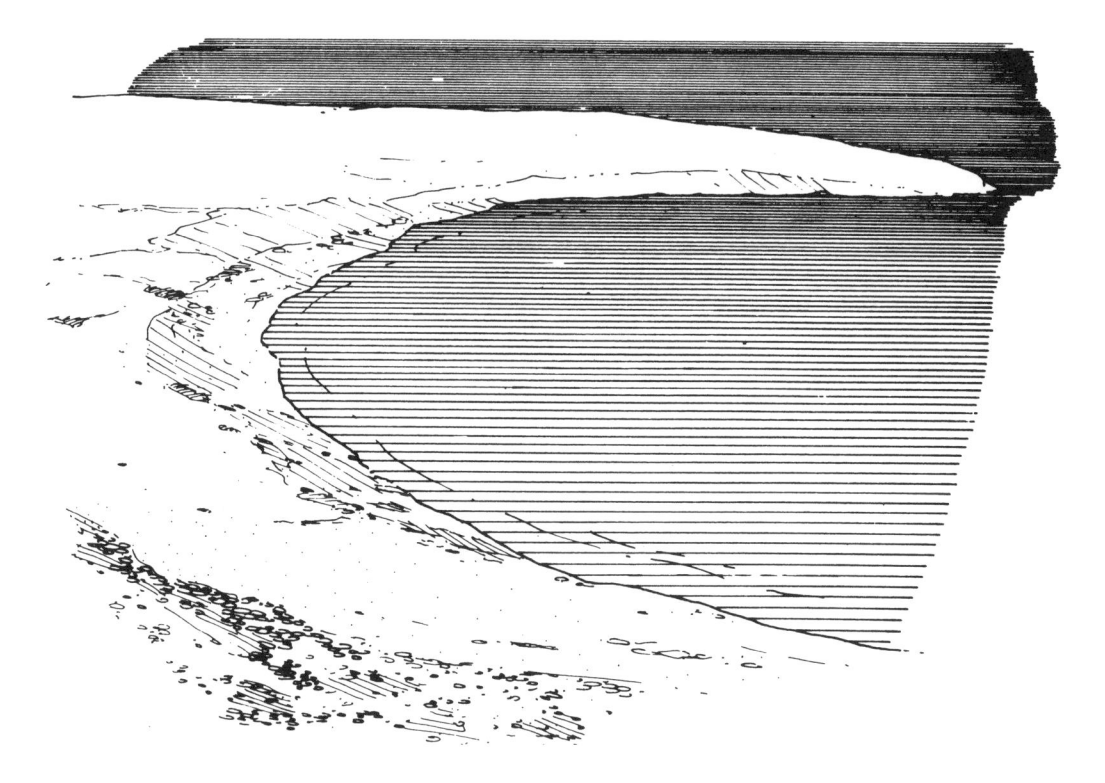

石組 ishigumi

汐入式干潟様
shioirishikihigatayou

沢渡石
sawatariishi

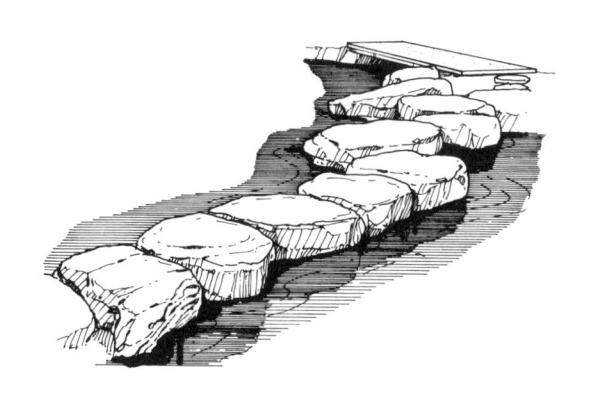

石橋
ishibashi

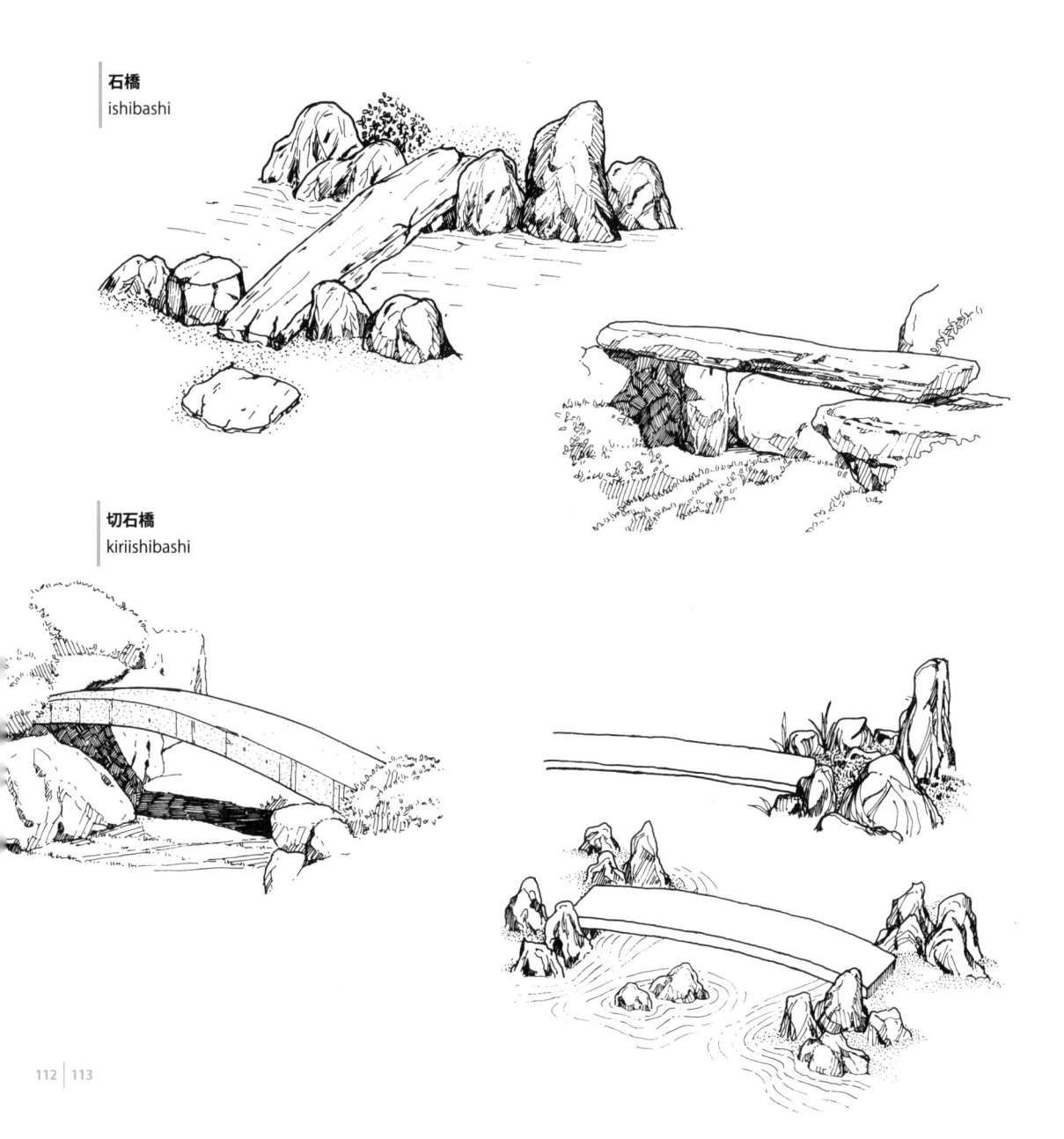

切石橋
kiriishibashi

枯滝石組
karetakiishigumi

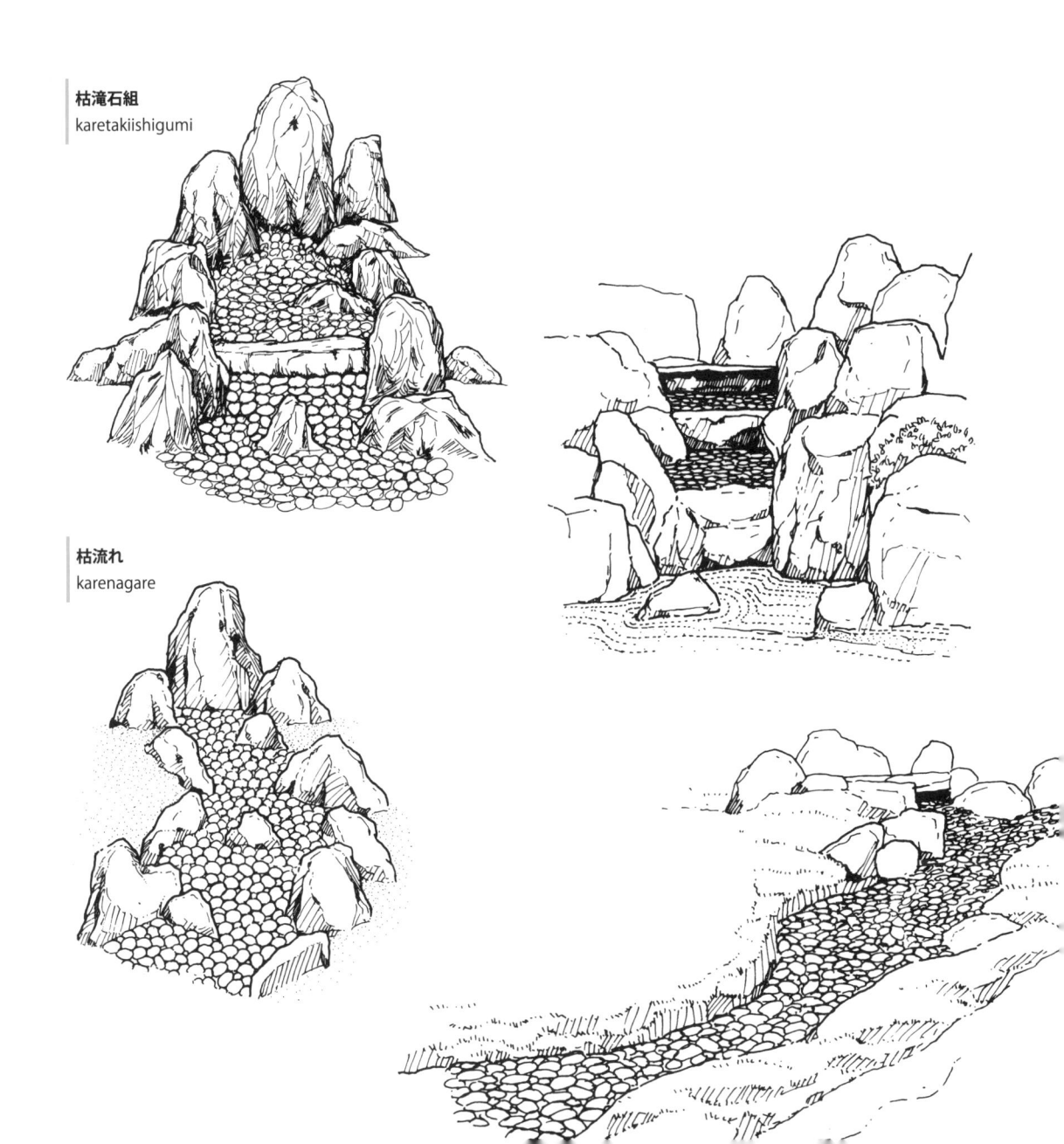

枯流れ
karenagare

石組 ishigumi

七五三石組
shichigosanishigumi

夜泊石組
yodomariishigumi

礼拝石
raihaiseki

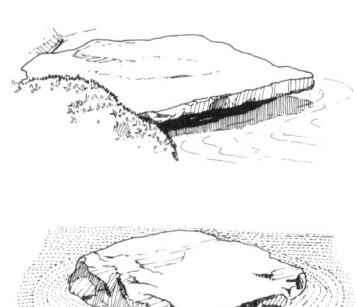

井泉石組
seisenishigumi

磐境
iwasaka

石組 ishigumi

磐座・磐境
iwakura, iwasaka

主木
shuboku

芝山
shibayama

大刈込
ookarikomi

小刈込
kokarikomi

石組 ishigumi

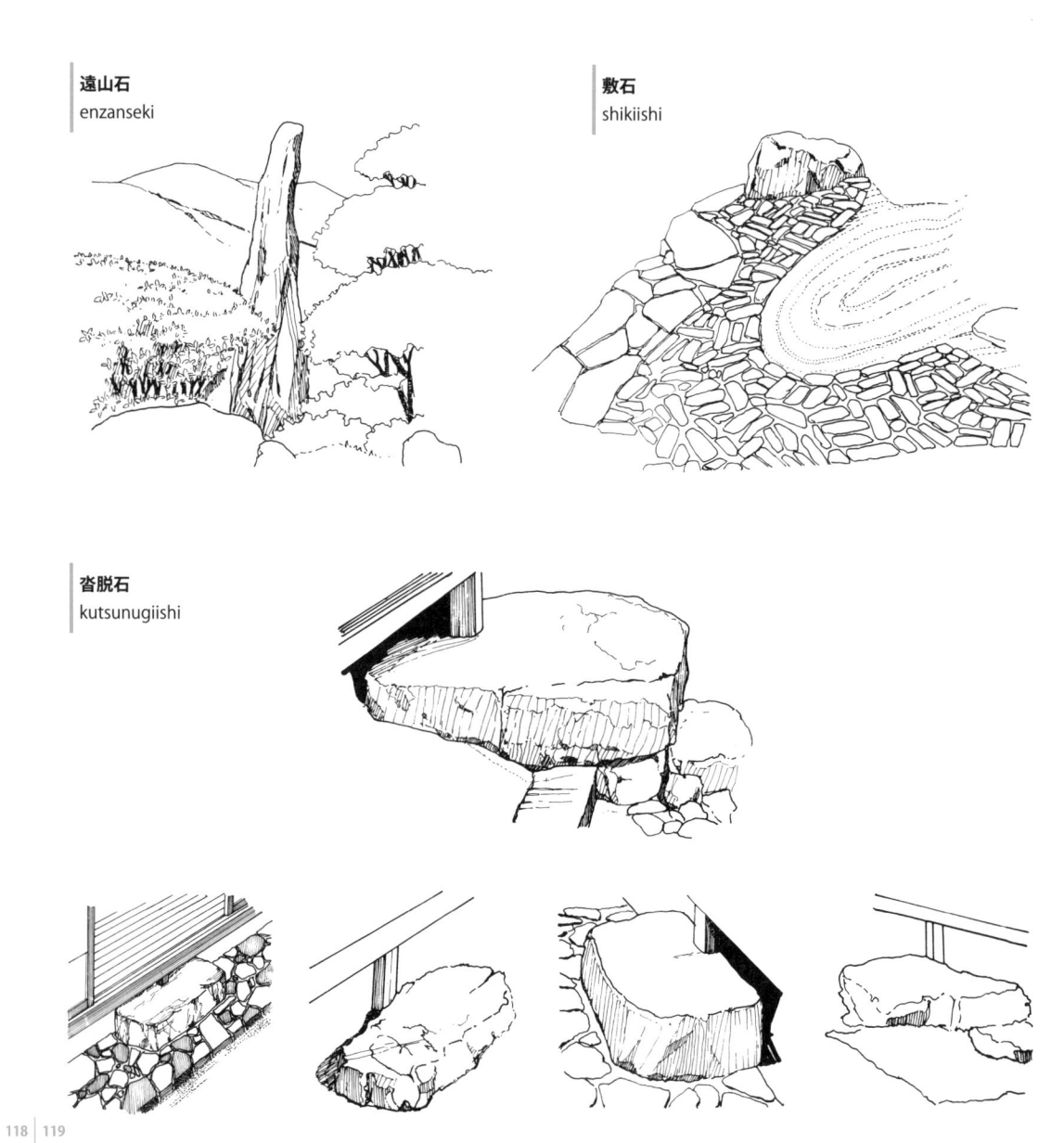

遠山石
enzanseki

敷石
shikiishi

沓脱石
kutsunugiishi

枯山水・砂紋
karesansui, samon

枯山水・砂紋　karesansui, samon

前期式枯山水（古式枯山水）
zenkishiki-karesansui (koshiki-karesansui)

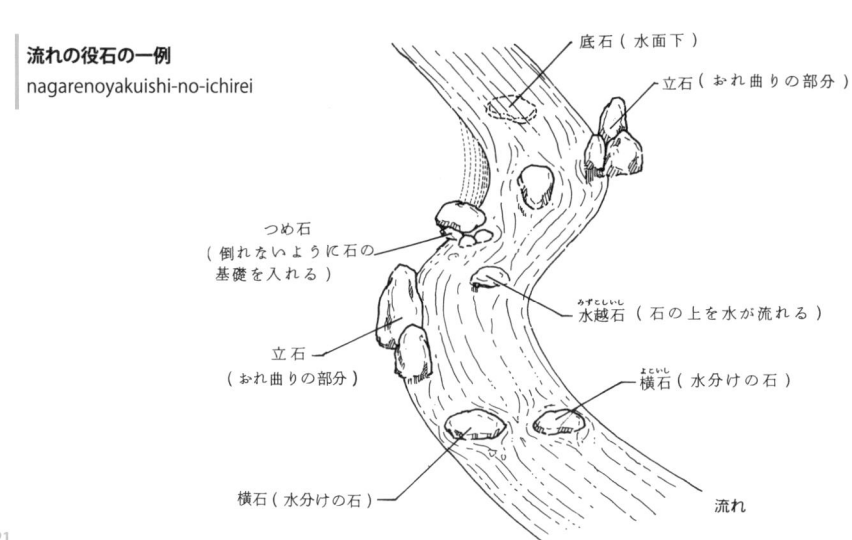

流れの役石の一例
nagarenoyakuishi-no-ichirei

底石（水面下）

立石（おれ曲りの部分）

つめ石
（倒れないように石の
基礎を入れる）

水越石（石の上を水が流れる）

立石
（おれ曲りの部分）

横石（水分けの石）

横石（水分けの石）

流れ

枯山水
karesansui

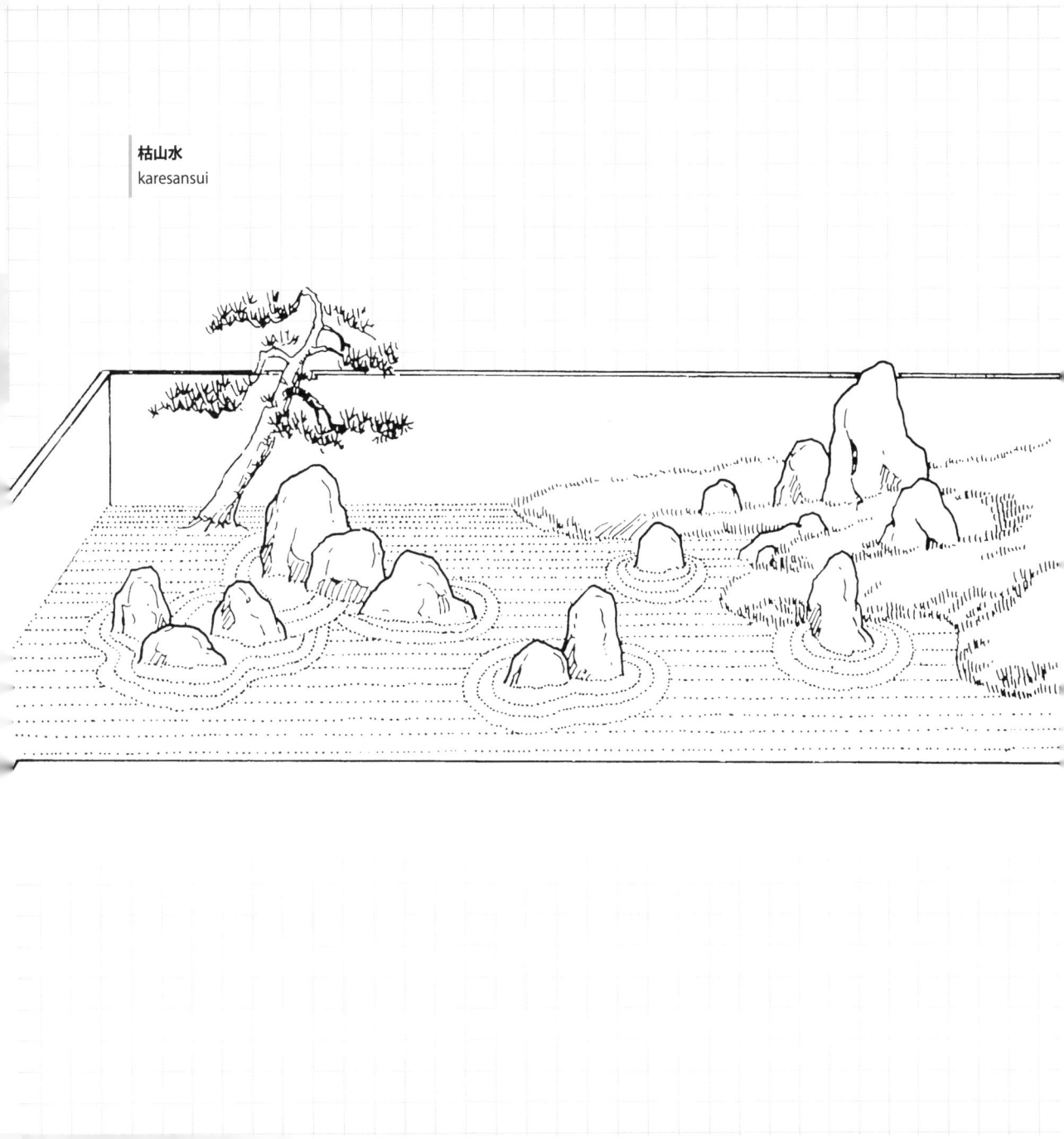

枯山水・砂紋 karesansui, samon

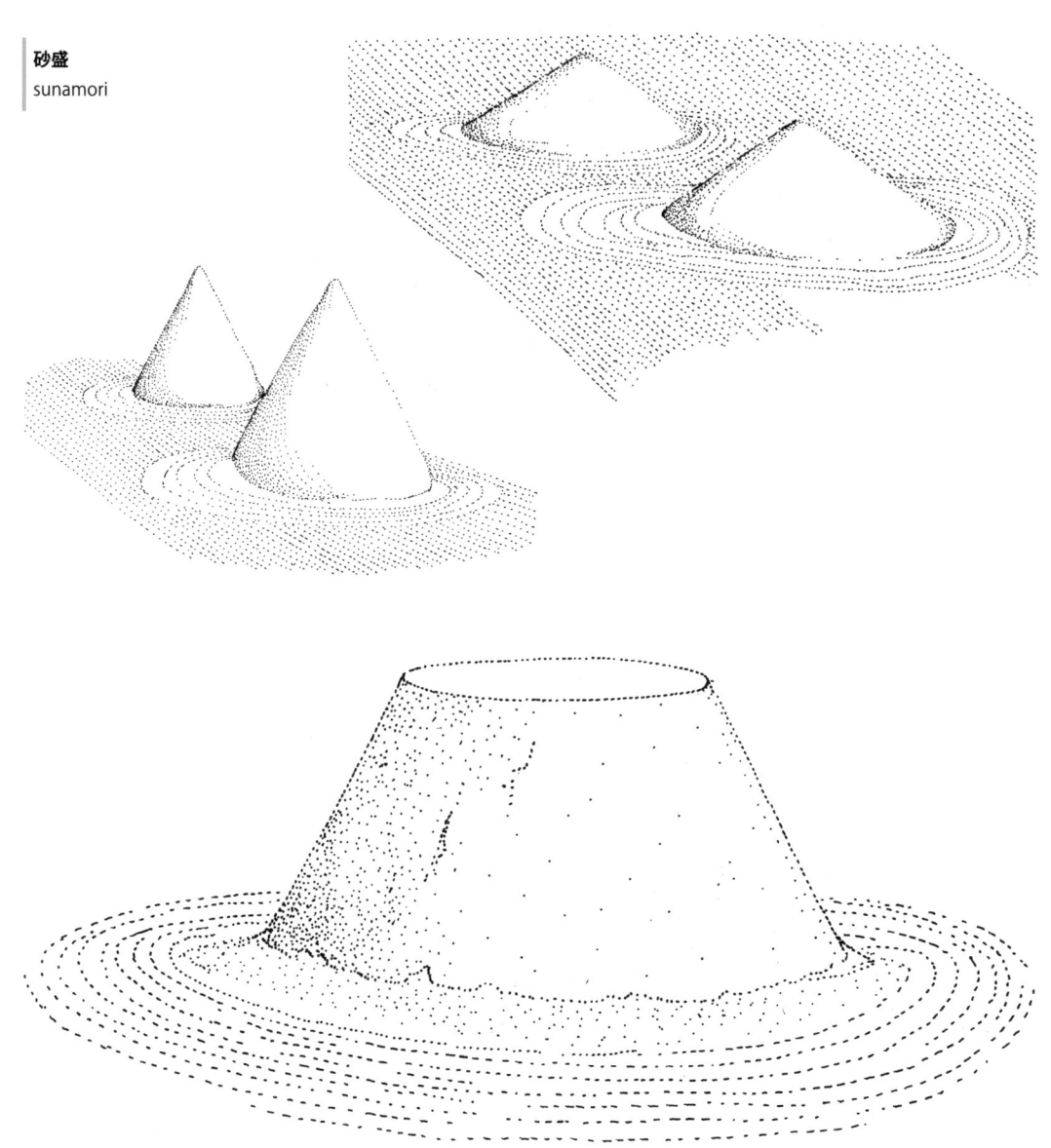

砂盛
sunamori

砂紋
samon

漣紋
sazanamimon

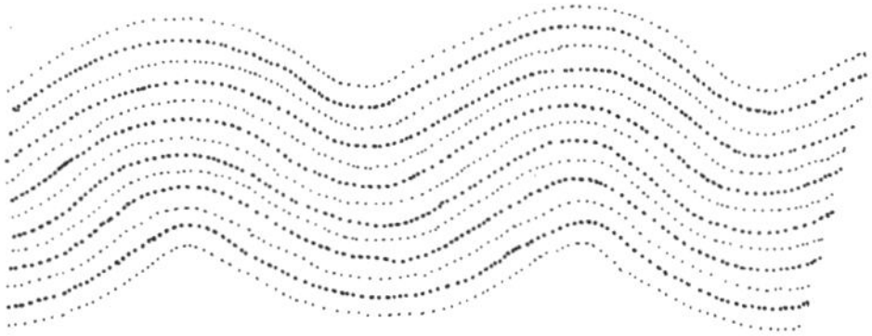

紆行紋
ugyoumon

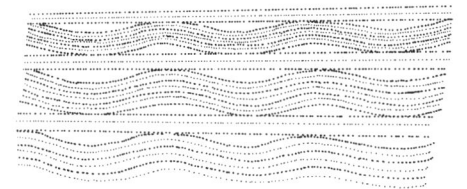

青海波紋
seigaihamon

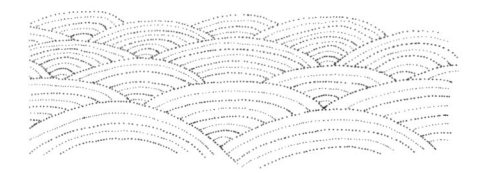

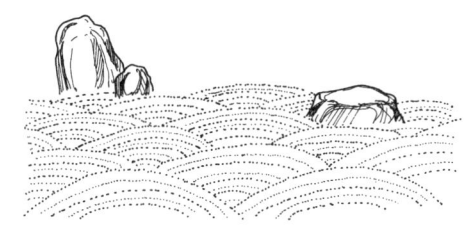

流水紋
ryuusuimon

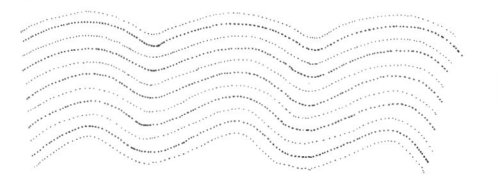

水紋（渦紋）
suimon (uzumon)

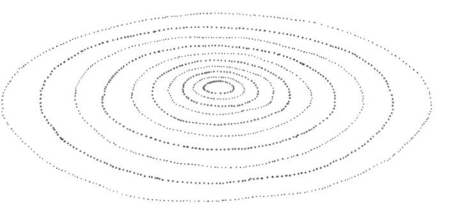

枯山水・砂紋 karesansui, samon

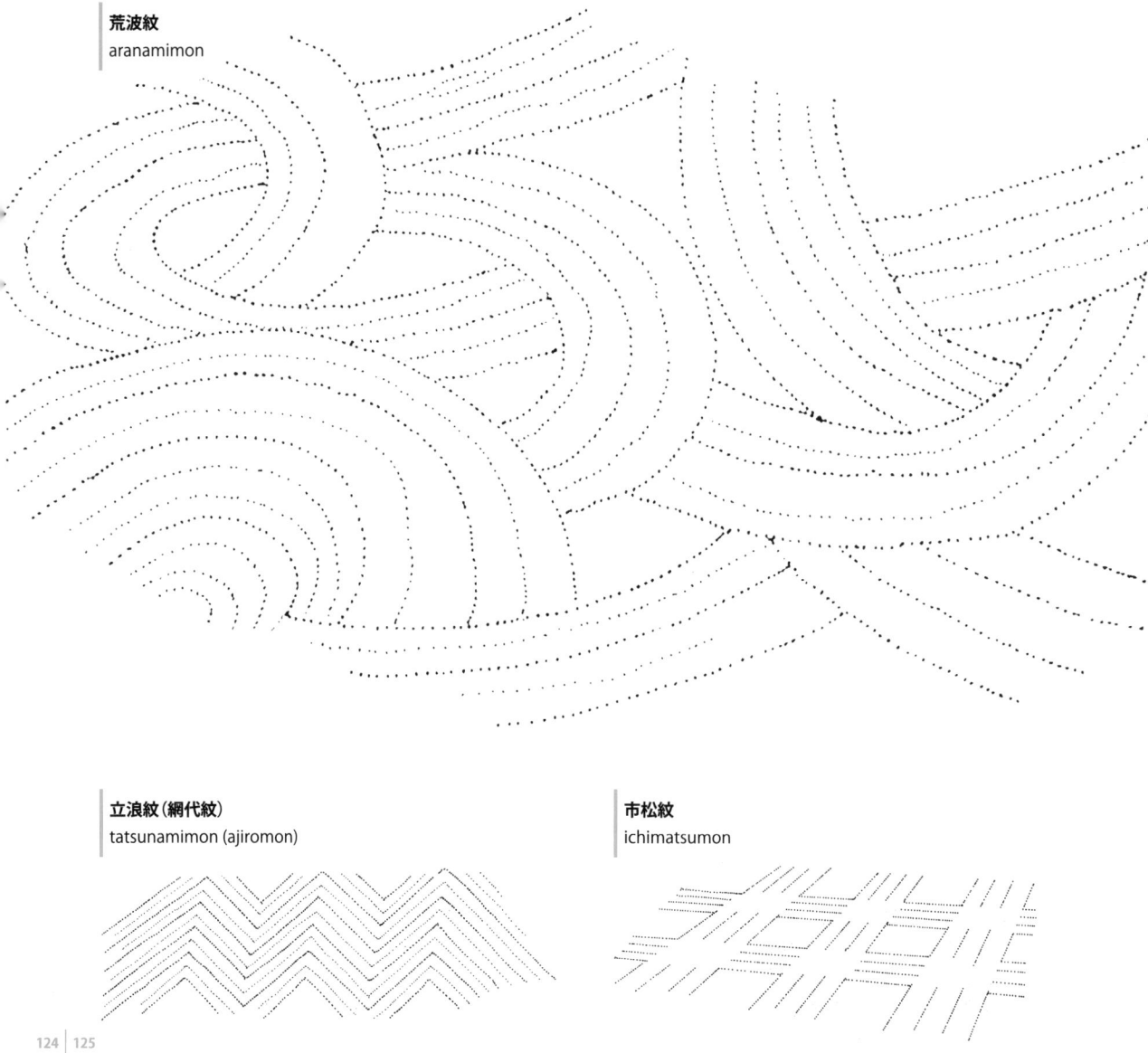

荒波紋
aranamimon

立浪紋（網代紋）
tatsunamimon (ajiromon)

市松紋
ichimatsumon

ishi 石

石 ishi

蓬莱石各種
houraiseki-kakushu

蓬莱石
houraiseki

蓬莱石

大仙院庭園蓬莱石
daiseninteien-houraiseki

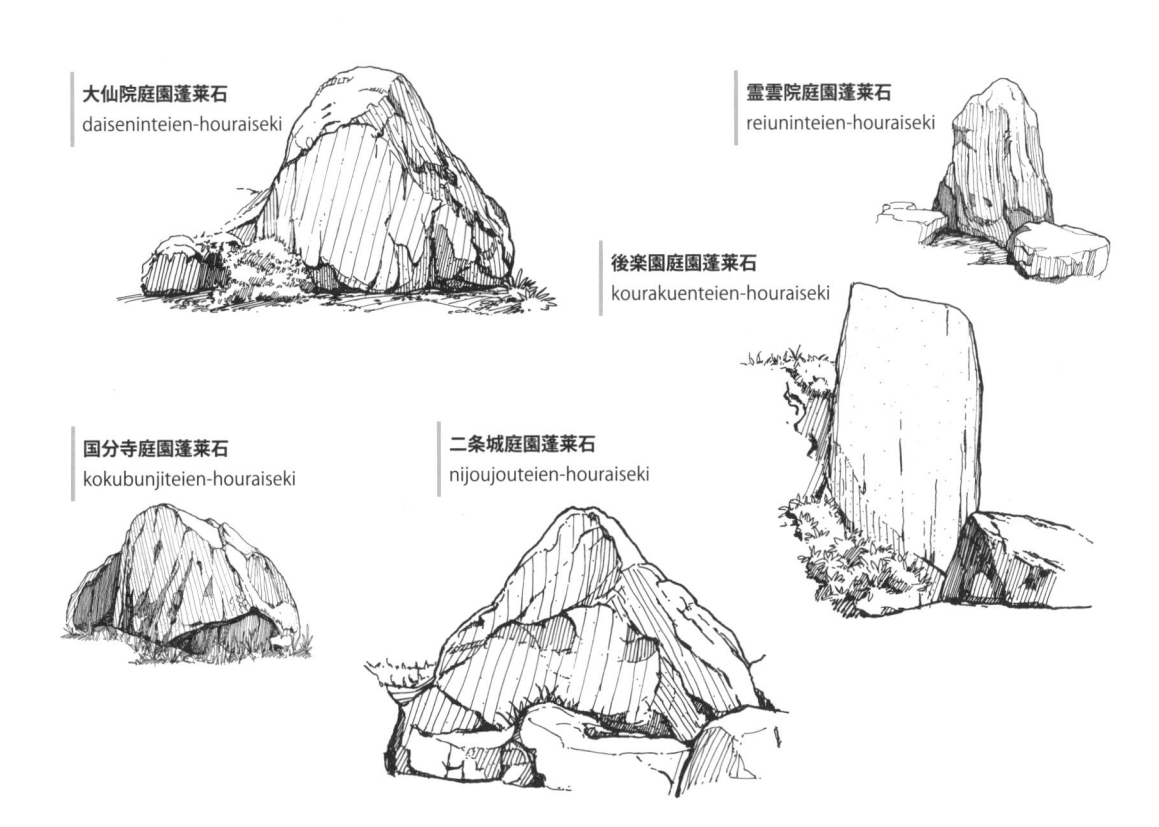

霊雲院庭園蓬莱石
reiuninteien-houraiseki

後楽園庭園蓬莱石
kourakuenteien-houraiseki

国分寺庭園蓬莱石
kokubunjiteien-houraiseki

二条城庭園蓬莱石
nijoujouteien-houraiseki

楽々園庭園蓬莱石
rakurakuenteien-houraiseki

東光寺庭園蓬莱石
toukoujiteien-houraiseki

旧秀隣寺庭園蓬莱石
kyuu-shuurinjiteien-houraiseki

石 ishi

遠山石各種
enzanseki-kakushu

遠山石
enzanseki

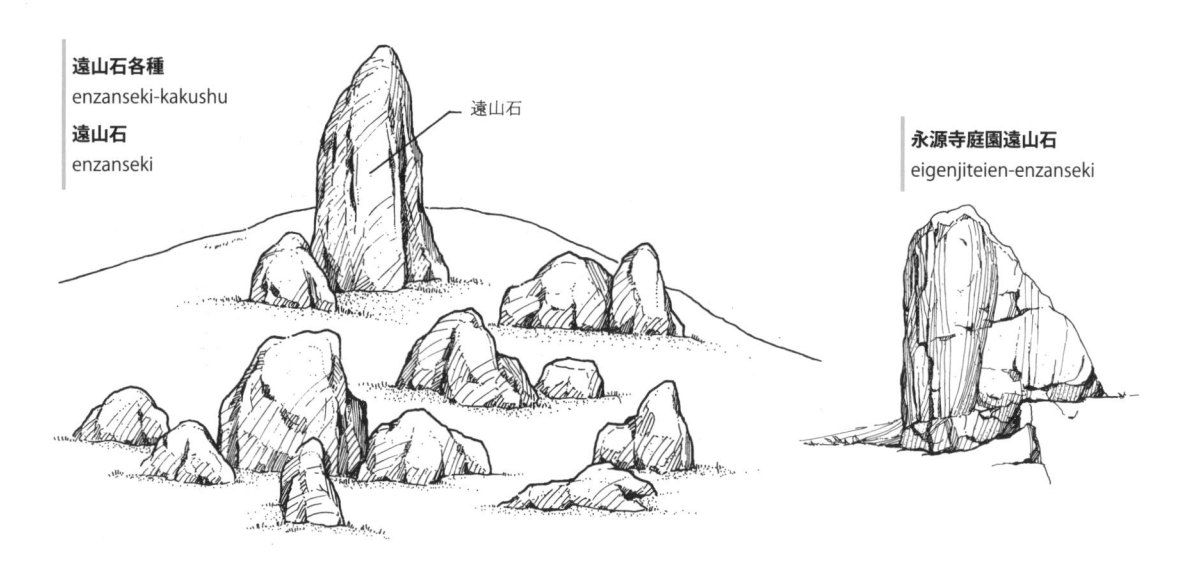

遠山石

永源寺庭園遠山石
eigenjiteien-enzanseki

国分寺庭園遠山石
kokubunjiteien-enzanseki

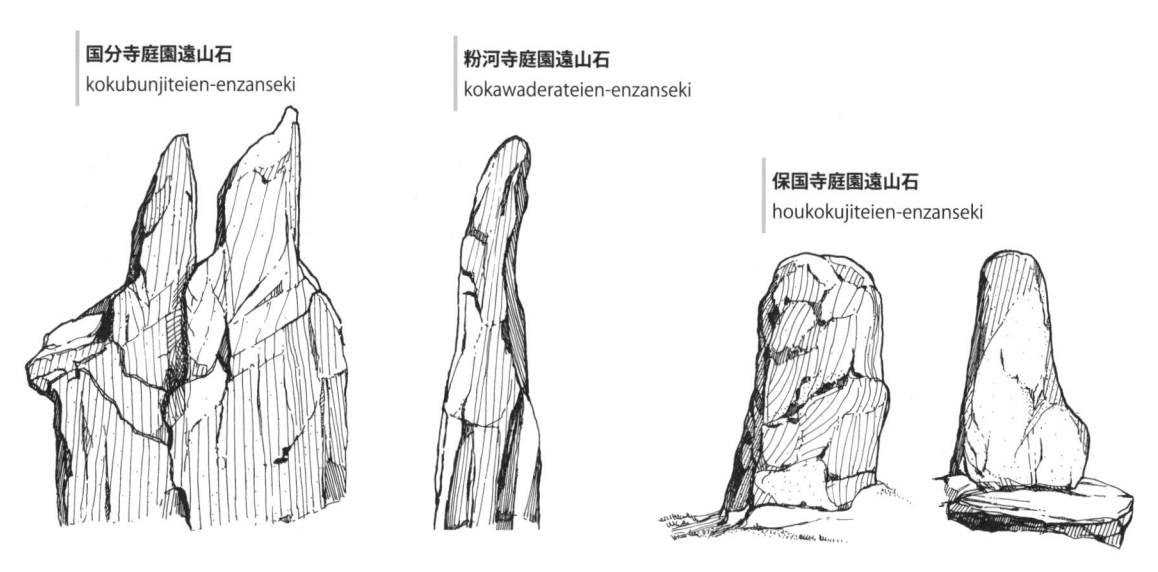

粉河寺庭園遠山石
kokawaderateien-enzanseki

保国寺庭園遠山石
houkokujiteien-enzanseki

舟石（舟形石・石舟・蓬莱舟・宝舟）各種
hunaishi (hunagataishi,ishihune,houraihune,takarahune) kakushu

舟石
hunaishi

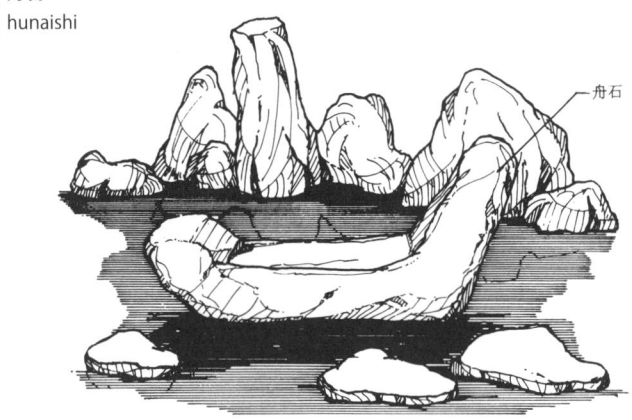

大仙院庭園舟石
daiseninteien-hunaishi

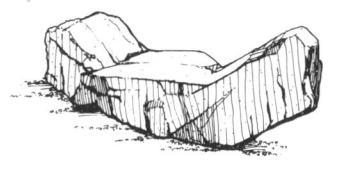

舟石

東光寺庭園舟石
toukoujiteien-hunaishi

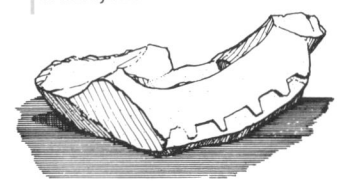

横山氏庭園舟石
yokoyamashiteien-hunaishi

千秋閣庭園舟石
senshuukakuteien-hunaishi

水堀石
mizuhoriishi

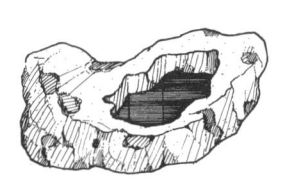

二段石
nidanseki

石 ishi

形状による秘伝書の庭石名称（五行石）
keijouniyoruhidensho-no-niwaishimeishou (gogyouishi)

体胴石
taidouseki

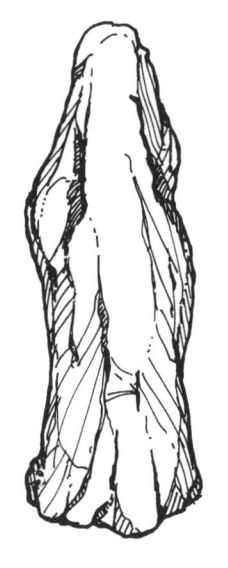

枝形石
shigyouseki

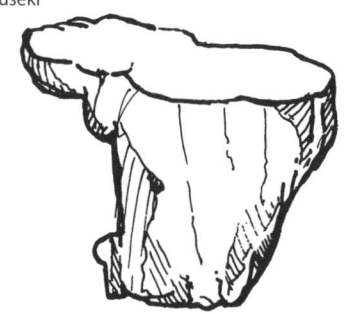

心体石
shintaiseki

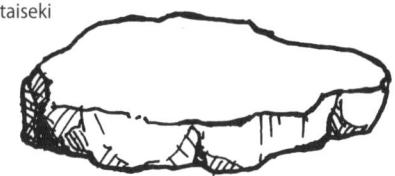

霊象石
reishouseki

寄脚石
kikyakuseki

五行石二石の組み方（異形の二石組み）
gogyousekiniseki-no-kumikata (ikeinonisekigumi)

霊初組
reishogumi 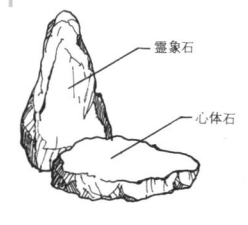
（霊象石、心体石）

霊易組
reiigumi
（霊象石、枝形石）

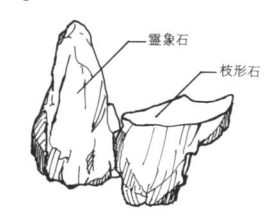

心信石組
shinshinishigumi
（心体石、寄脚石）

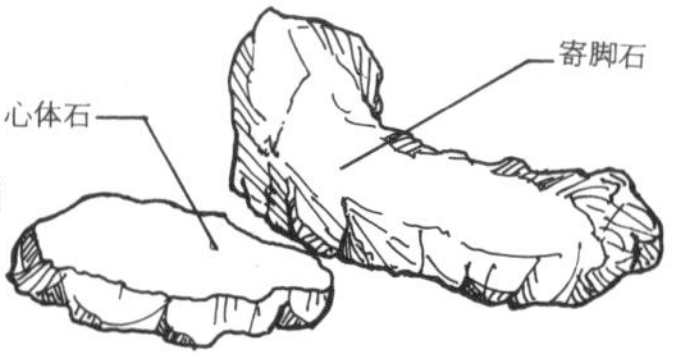

風胎組
huutaigumi
（体胴石、枝形石）

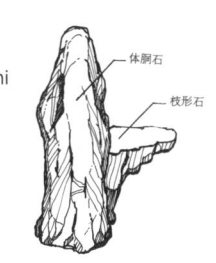

礼脚石組
reikyakuishigumi
（体胴石、寄脚石）

二相石組
nisouishigumi
（体胴石、霊象石）

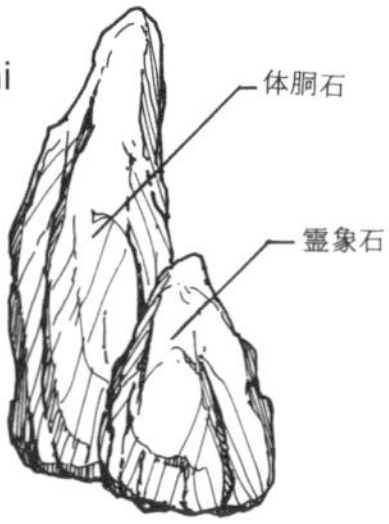

枝脚石組
shikyakuishigumi
（寄脚石、枝形石）

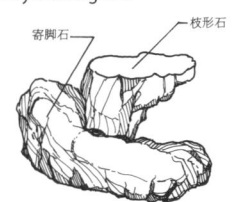

主胎石組
shutaiishigumi
（寄脚石、霊象石）

風体石組
huutaiishigumi
（体胴石、心体石）

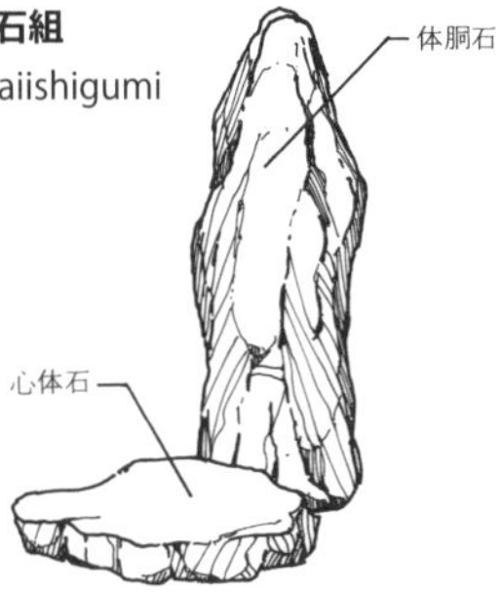

初霊石組
shoreiishigumi
（枝形石、心体石）

石 ishi

五行石二石の組み方（同形の二石組み）
gogyousekiniseki-no-kumikata (doukeinonisekigumi)

霊双石組
reisouishigumi

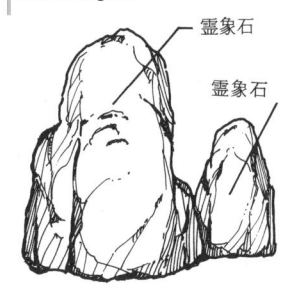

- 霊象石
- 霊象石

連枝石組
renshiishigumi

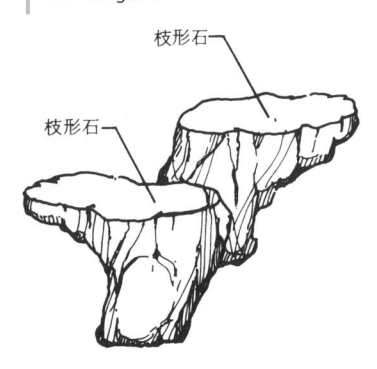

- 枝形石
- 枝形石

両胴石組
ryoudouishigumi

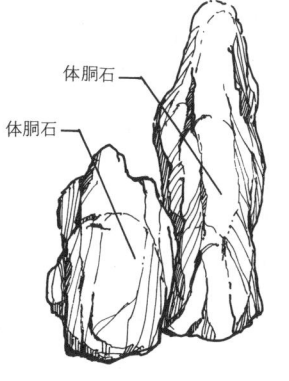

- 体胴石
- 体胴石

二脚石組
nikyakuishigumi

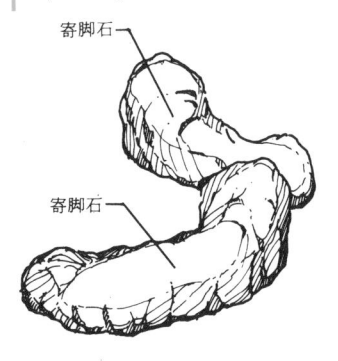

- 寄脚石
- 寄脚石

双竜石、競雄石組
souryuuseki, kyouyuuishigumi

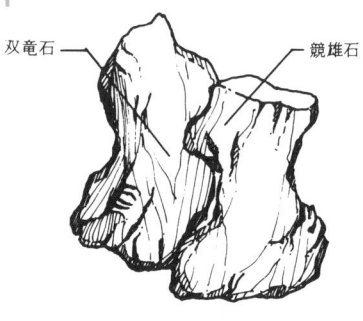

- 双竜石
- 競雄石

三心具足
sanshingusoku

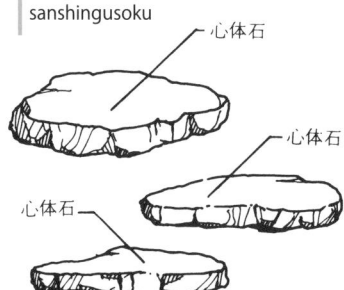

- 心体石
- 心体石
- 心体石

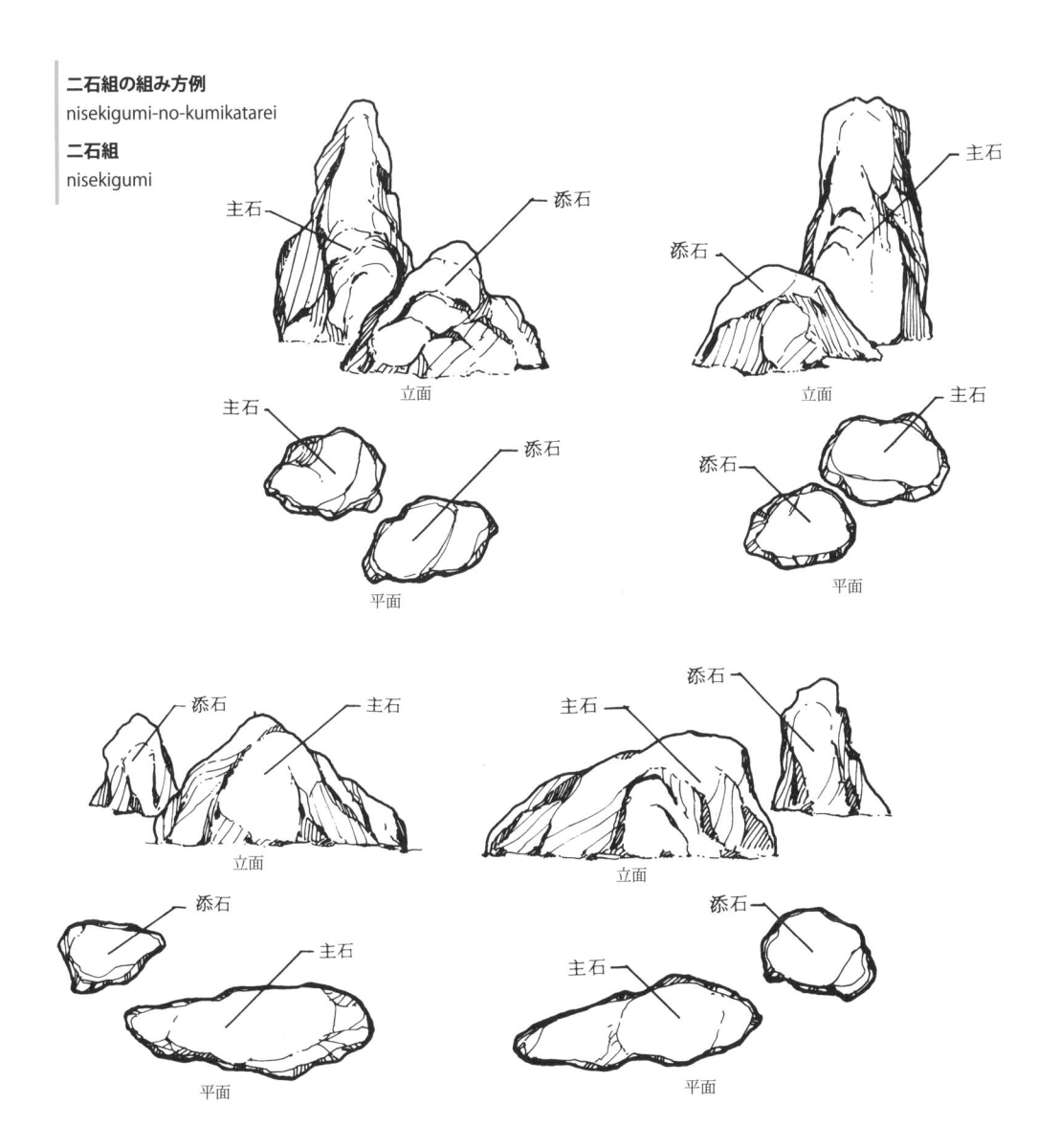

二石組の組み方例
nisekigumi-no-kumikatarei

二石組
nisekigumi

主石　添石　立面　平面

石 ishi

五行石三石の組み方例
gogyousekisanseki-no-kumikatarei

霊胴脚組方
reidoukyakukumikata

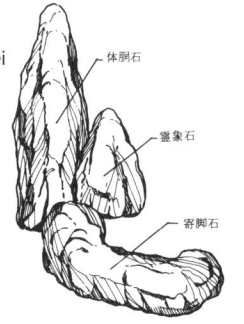

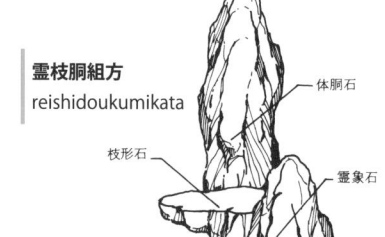

(体胴石, 霊象石, 寄脚石)

霊枝胴組方
reishidoukumikata

(体胴石, 枝形石, 霊象石)

霊心胴組方
reishindoukumikata

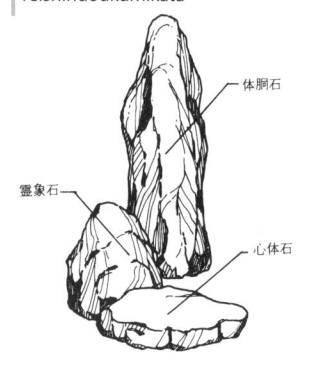

(体胴石, 霊象石, 心体石)

霊心脚組方
reishinkyakukumikata

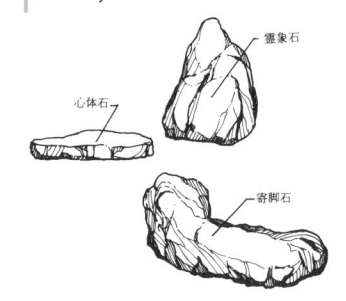

(霊象石, 心体石, 寄脚石)

霊枝心組方
reishishinkumikata

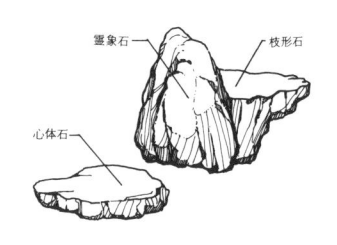

(霊象石, 枝形石, 心体石)

心枝胎組方
shinshitaikumikata

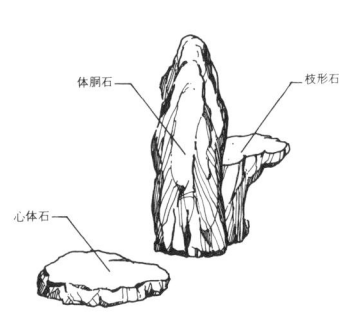

(体胴石, 枝形石, 心体石)

心体脚組方
shintaikyakukumikata

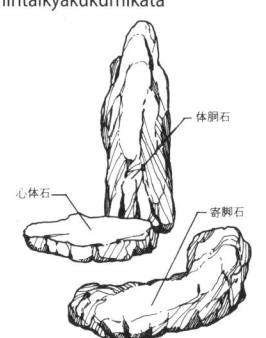

(体胴石, 心体石, 寄脚石)

霊陽脚組方
reiyoukyakukumikata

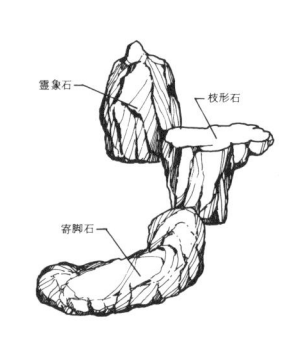

(霊象石, 枝形石, 寄脚石)

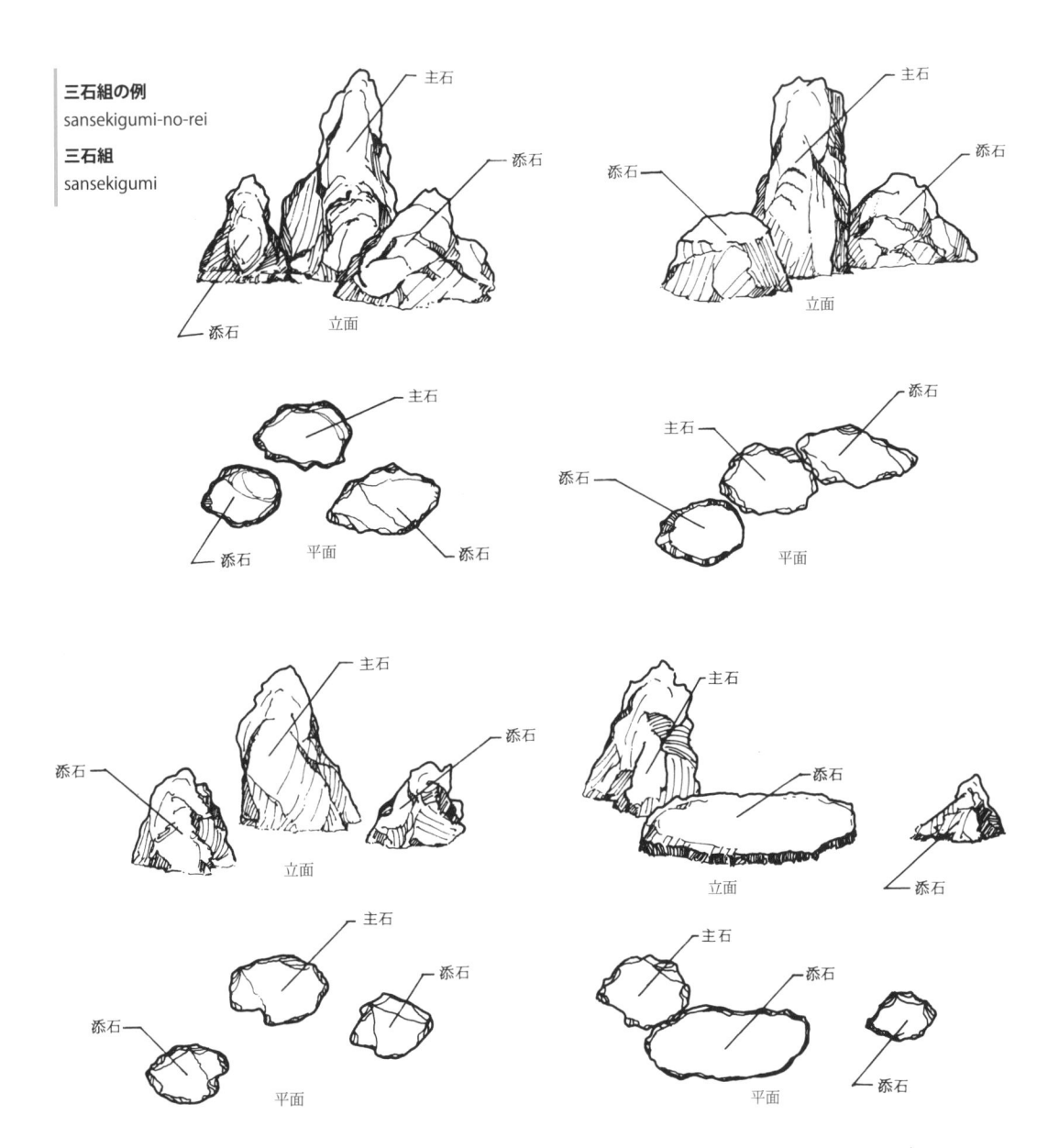

三石組の例
sansekigumi-no-rei

三石組
sansekigumi

石 ishi

五行石五石の組み方
gogyousekigoseki-no-kumikata

具足形五つ組
gusokugataitsutsugumi

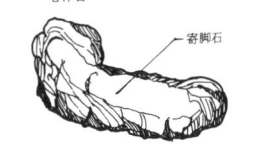

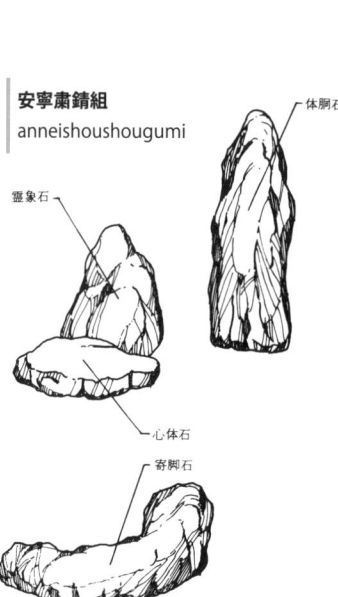

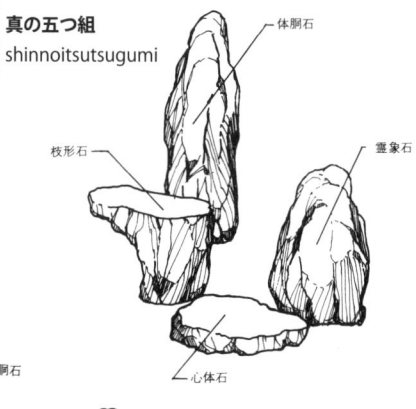

体胴石
霊象石
枝形石
心体石
寄脚石

真の五つ組
shinnoitsutsugumi

体胴石
枝形石
霊象石
心体石
寄脚石

安寧粛錆組
anneishoushougumi

体胴石
霊象石
心体石
寄脚石

五行五石組の例
gogyougosekigumi-no-rei

斜立石で動きを強調した五石組
shatateishideugokiwokyouchoushita-gosekigumi

平面

立面

安定性の中に動きのある五石組
anteiseinonakaniugokinoaru-gosekigumi

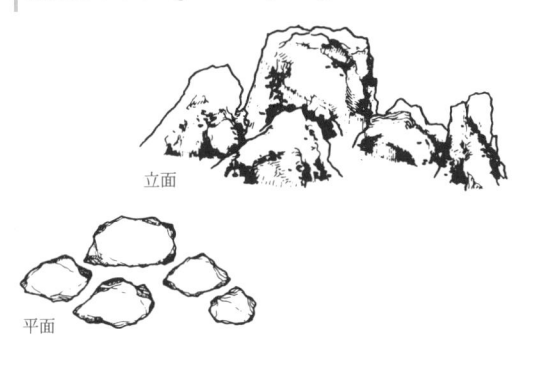

立面

平面

山形石を中心とした五石組
yamagataishiwochuushintoshita-gosekigumi

平面

立面

小石に変化を見せた五石組
koishinihenkawomiseta-gosekigumi

立面

平面

石 ishi

斜立石と横石を強調した五石組
shatateishitoyokoishiwokyouchoushita-gosekigumi

平面

立面

安定感の高い五石組
anteikannotakai-gosekigumi

立面

平面

主景として安定した五石組
shukeitoshiteanteishita-gosekigumi

平面

立面

山形石を左の立石で生かした五石組
yamagataishiwohidarinotateishideikashita-gosekigumi

立面

平面

中心の立石に力を集めた五石組
chuushinnotateishinichikarawoatsumeta-gosekigumi

平面 　立面

動きと発展性のある五石組
ugokitohattenseinoaru-gosekigumi

平面　立面

安定感のある枯滝風五石組
anteikannoarukaretakihuu-gosekigumi

平面　立面

石 ishi

六石組の例
rokusekigumi-no-rei

横石と立石による六石組
yokoishitotateishiniyoru-rokusekigumi

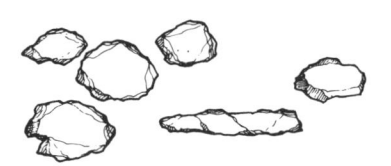

平面

立面

遠近法を用いた枯滝風六石組
enkinhouwomochiitakaretakihuu-rokusekigumi

平面

立面

立石を中心とした格式ある六石組
tateishiwochuushintoshitakakushikiaru-rokusekigumi

平面

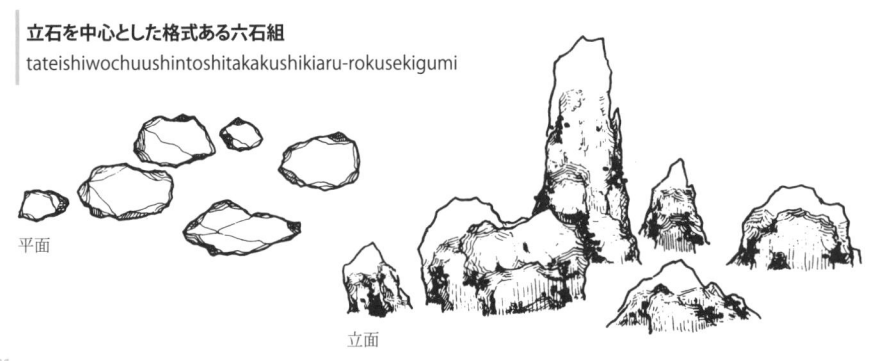

立面

七石組の例
shichisekigumi-no-rei

山形石、立石、平石による七石組
yamagataishi,tateishi,hiraishiniyoru-shichisekigumi

立面

平面

横石がポイントの七石組
yokoishigapointono-shichisekigumi

立面

平面

立石を強調した七石組
tateishiwokyouchoushita-shichisekigumi

立面

平面

右手の一石でまとめた七石組
migitenoissekidematometa-shichisekigumi

立面

平面

横石で空間を作った七石組
yokoishidekuukanwotsukutta-shichisekigumi

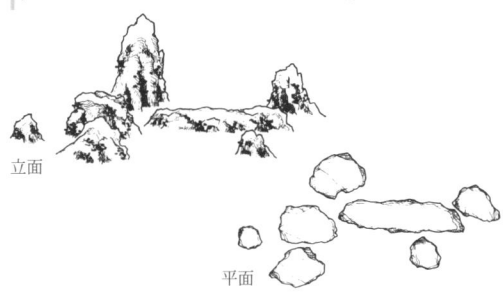

立面

平面

石 ishi

総合的集団石組の例
sougoutekishuudanishigumi-no-rei

立面 　　　　　　　　　　　平面

石組の組み方の名称
ishigumi-no-kumikata-no-meishou

いも継
imotsugi

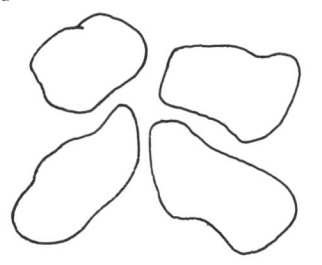

はらみ継
haramitsugi

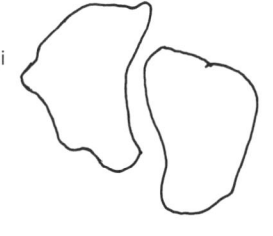

含み継
hukumitsugi

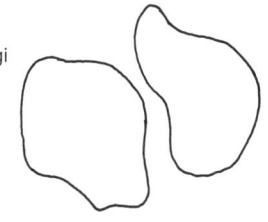

欠け継
kaketsugi

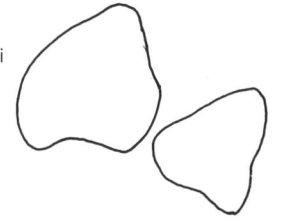

秘伝書にある山水図（石組と名称）
hidenshoniaru-sansuizu (ishigumi-to-meishou)

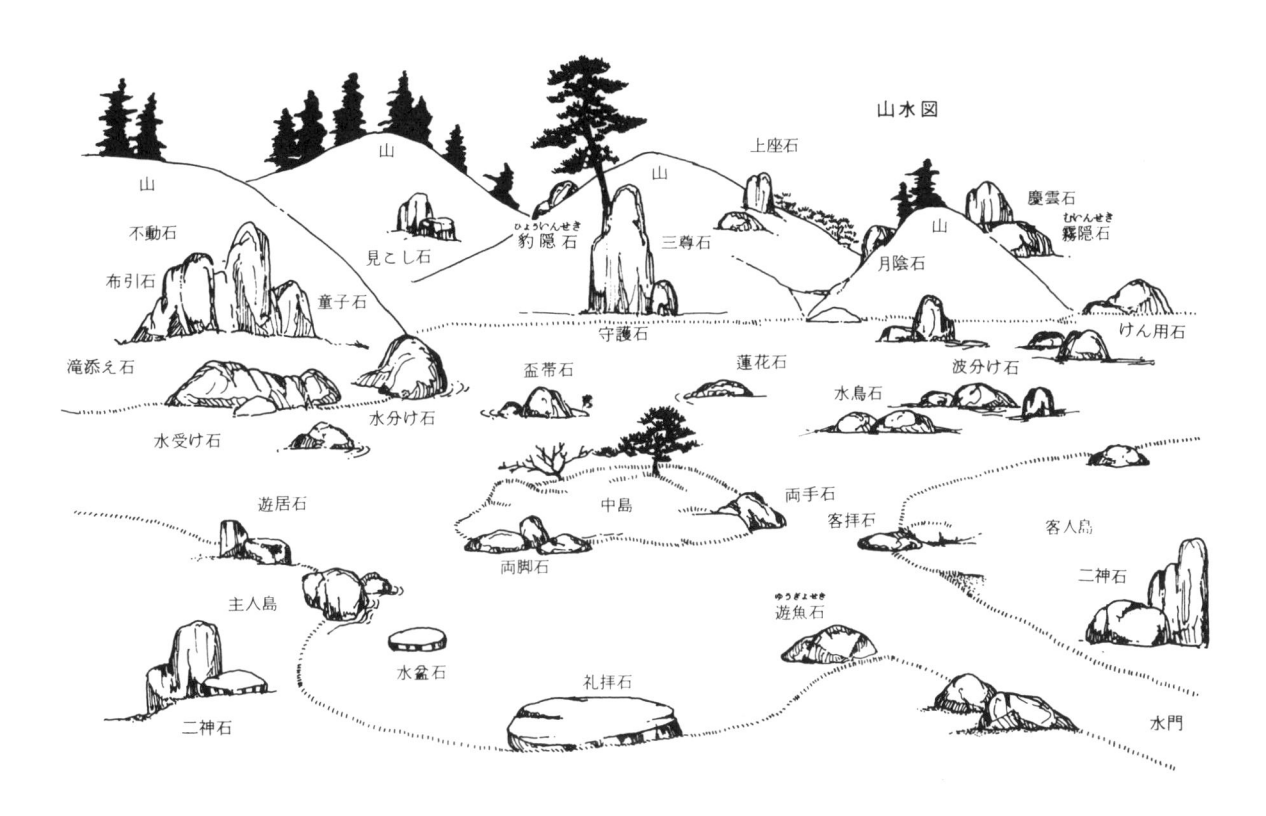

石 ishi

秘伝書にある山水図（石組と名称）
hidenshoniaru-sansuizu (ishigumi-to-meishou)

- 山
- 不動石
- 童子石
- 虎溪石（こけい）
- 守護
- 布引石
- 豹隠石（ひょう）
- 滝添え石
- 童子石
- 盃帯石
- 水受石
- 水分け石
- 遊居石
- 主人島
- 水鳥石
- 尾崎石
- 亀頭石
- 遊居石
- 蓬萊島
- 両手石
- 二神石
- 水脇石
- 腰息石
- 礼拝石

三尊石　遊山石　山頂石

蓮花石　月陰石　山

道落石　けん用石

怒頭石　嶺脚石

怒濤石　山腰石

落水石

水門

客拝石　水受水禦石

山水図　対面石

客人石

石 ishi

添え石の名称
soeishi-no-meishou

鼻受け
hanauke

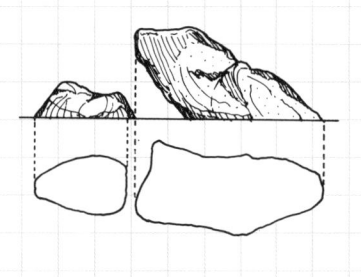

食い込み
kuikomi

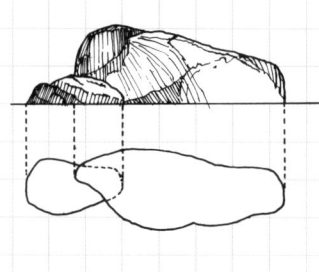

前添え
maezoe

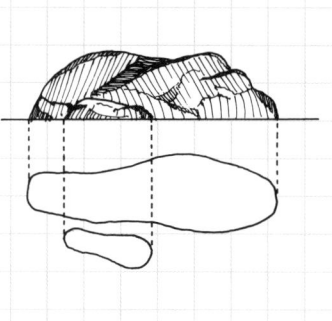

前受け
maeuke

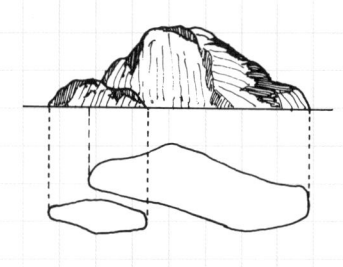

後受け
atouke

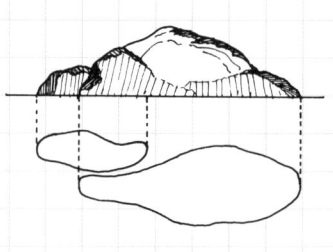

つなぎ
tsunagi

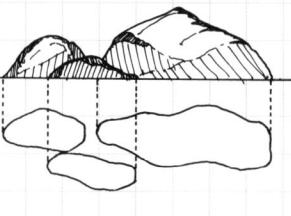

石組の組み方の名称
ishigumi-no-kumikata-no-meishou

蓬莱石 houraiseki

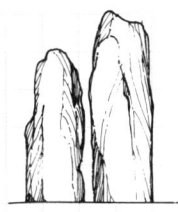

並べ narabe

合掌 gasshou

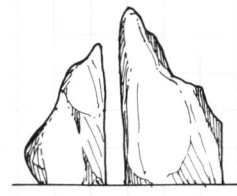

末広 suehiro

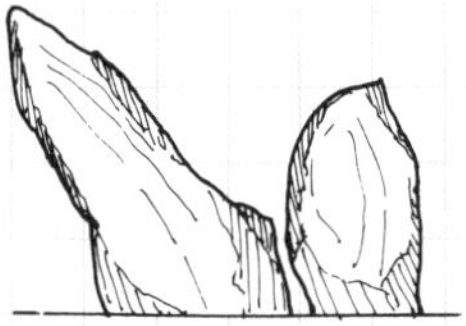

のしかけ noshikake

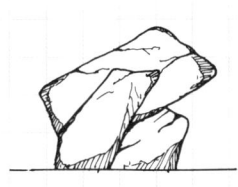

景石 keiseki

はす立て hasutate

食い違い kuichigai

十文字 juumonji

重ね kasane

段違い danchigai

前付け maetsuke

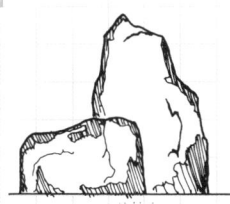

石 ishi

石の各種形態例
ishi-no-kakushukeitairei

立石の形態例（10形態）
tateishi-no-keitairei (10keitai)

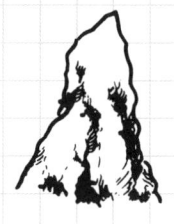

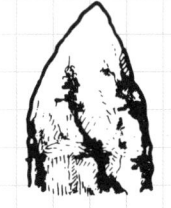

山形石の形態例（6形態）
yamagataishi-no-keitairei (6keitai)

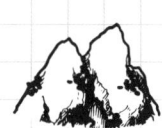

横石の形態例（6形態）
yokoishi-no-keitairei (6keitai)

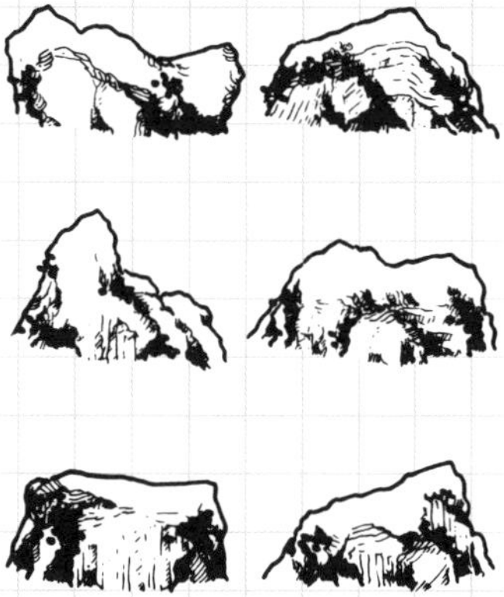

伏石の形態例（6形態）
huseishi-no-keitairei (6keitai)

門・戸・塀・四阿・茶室・腰掛待合・中潜・中門
霜よけ方法・雪づり

mon,to,hei,azumaya,chashitsu,koshikakemachiai,nakakuguri,chuumon
shimoyokehouhou,yukizuri

門・戸・塀・四阿・茶室・腰掛待合・中潜・中門・霜よけ方法・雪づり
mon,to,hei,azumaya,chashitsu,koshikakemachiai,nakakuguri,chuumon,shimoyokehouhou,yukizuri

門各種
mon-kakushu

むな門
munamon

- かぶき
- 上ずり桟
- 方立て
- 鏡とびら
- 八双金具
- 下ずり桟
- け放し
- から居敷き
- 定規筋
- す柱
- 門柱

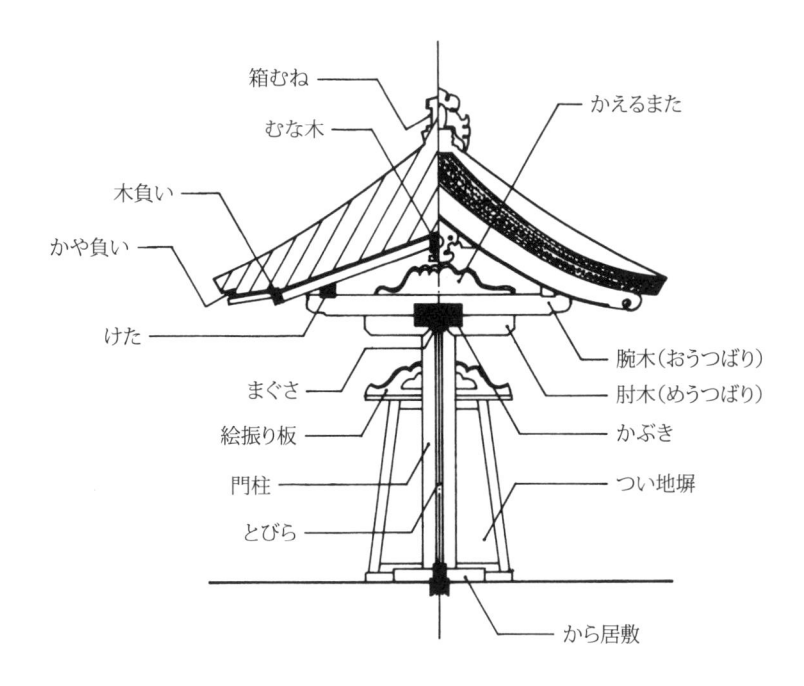

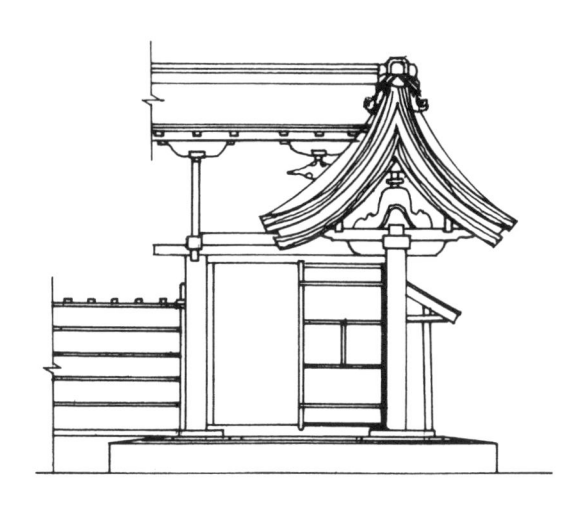

部位	名称
	箱むね
	むな木
	木負い
	かや負い
	けた
	まぐさ
	絵振り板
	門柱
	とびら
	かえるまた
	腕木（おうつばり）
	肘木（めうつばり）
	かぶき
	つい地塀
	から居敷

門・戸・塀・四阿・茶室・腰掛待合・中潜・中門・霜よけ方法・雪づり
mon,to,hei,azumaya,chashitsu,koshikakemachiai,nakakuguri,chuumon,shimoyokehouhou,yukizuri

四足門
yotsuashimon

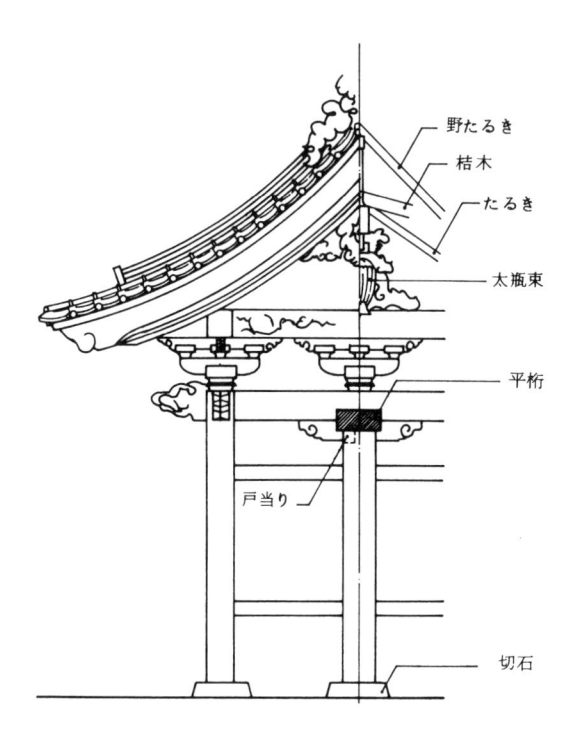

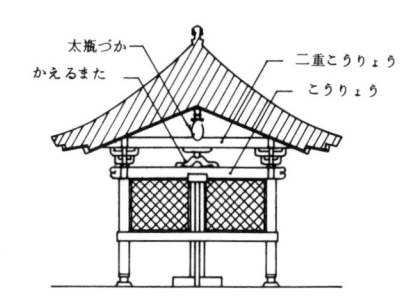

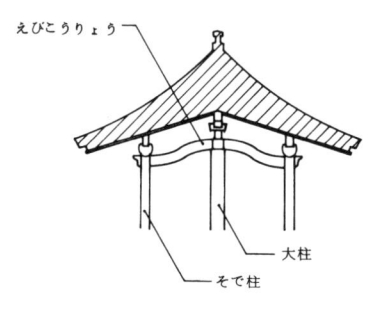

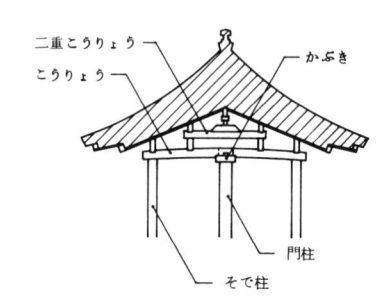

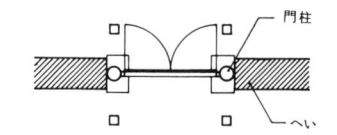

野たるき
桔木
たるき
太瓶束
平桁
戸当り
切石

太瓶づか
かえるまた
二重こうりょう
こうりょう

えびこうりょう
大柱
そで柱

二重こうりょう
こうりょう
かぶき
門柱
そで柱

門柱
へい

腕木門 udegimon

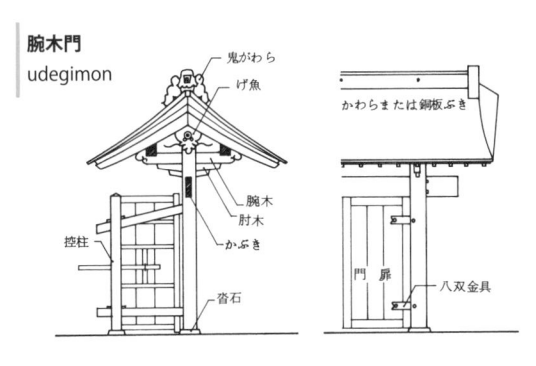

- 鬼がわら
- げ魚
- かわらまたは銅板ぶき
- 腕木
- 肘木
- かぶき
- 控柱
- 沓石
- 門扉
- 八双金具

腕木門（木戸門） udegimon (kidomon)

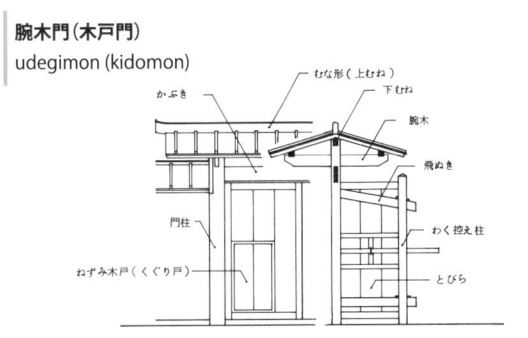

- むな形（上むね）
- 下むね
- かぶき
- 腕木
- 飛ぬき
- 門柱
- わく控え柱
- ねずみ木戸（くぐり戸）
- とびら

薬医門 yakuimon

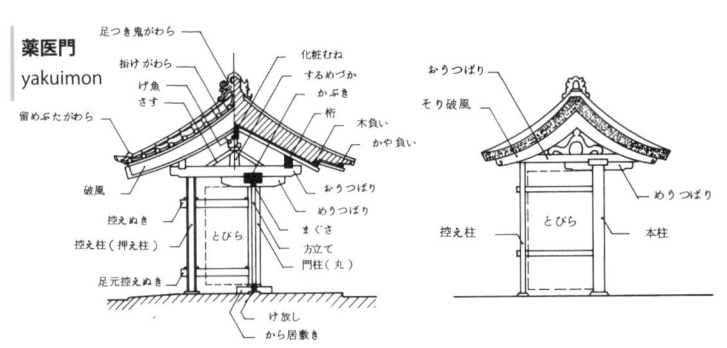

- 足つき鬼がわら
- 掛けがわら
- 化粧むね
- するめづか
- げ魚
- さす
- かぶき
- 留めぶたがわら
- 桁
- 木負い
- かや負い
- 破風
- おうつばり
- 控えぬき
- めうつばり
- 控え柱（押え柱）
- とびら
- まぐさ
- 方立て
- 足元控えぬき
- 門柱（丸）
- け放し
- から居敷き

- おうつばり
- そり破風
- めうつばり
- 控え柱
- とびら
- 本柱

上土門 agetsuchimon

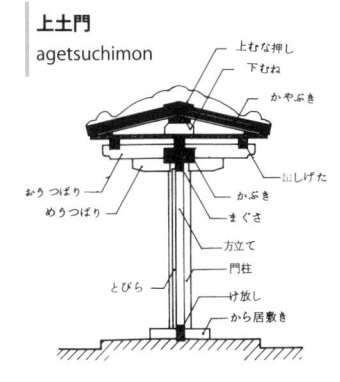

- 上むな押し
- 下むね
- かやぶき
- おうつばり
- 出しげた
- めうつばり
- かぶき
- まぐさ
- 方立て
- 門柱
- とびら
- け放し
- から居敷き

唐門 karamon

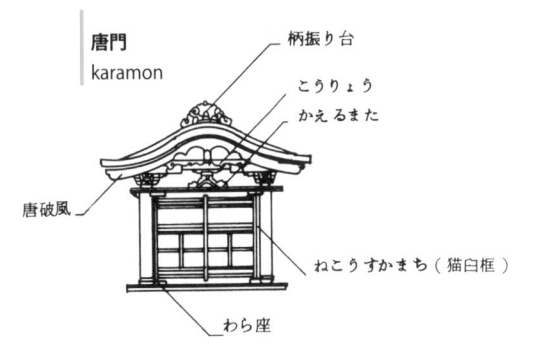

- 柄振り台
- こうりょう
- かえるまた
- 唐破風
- ねこうすかまち（猫臼框）
- わら座

向唐門 mukaikaramon

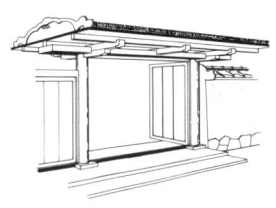

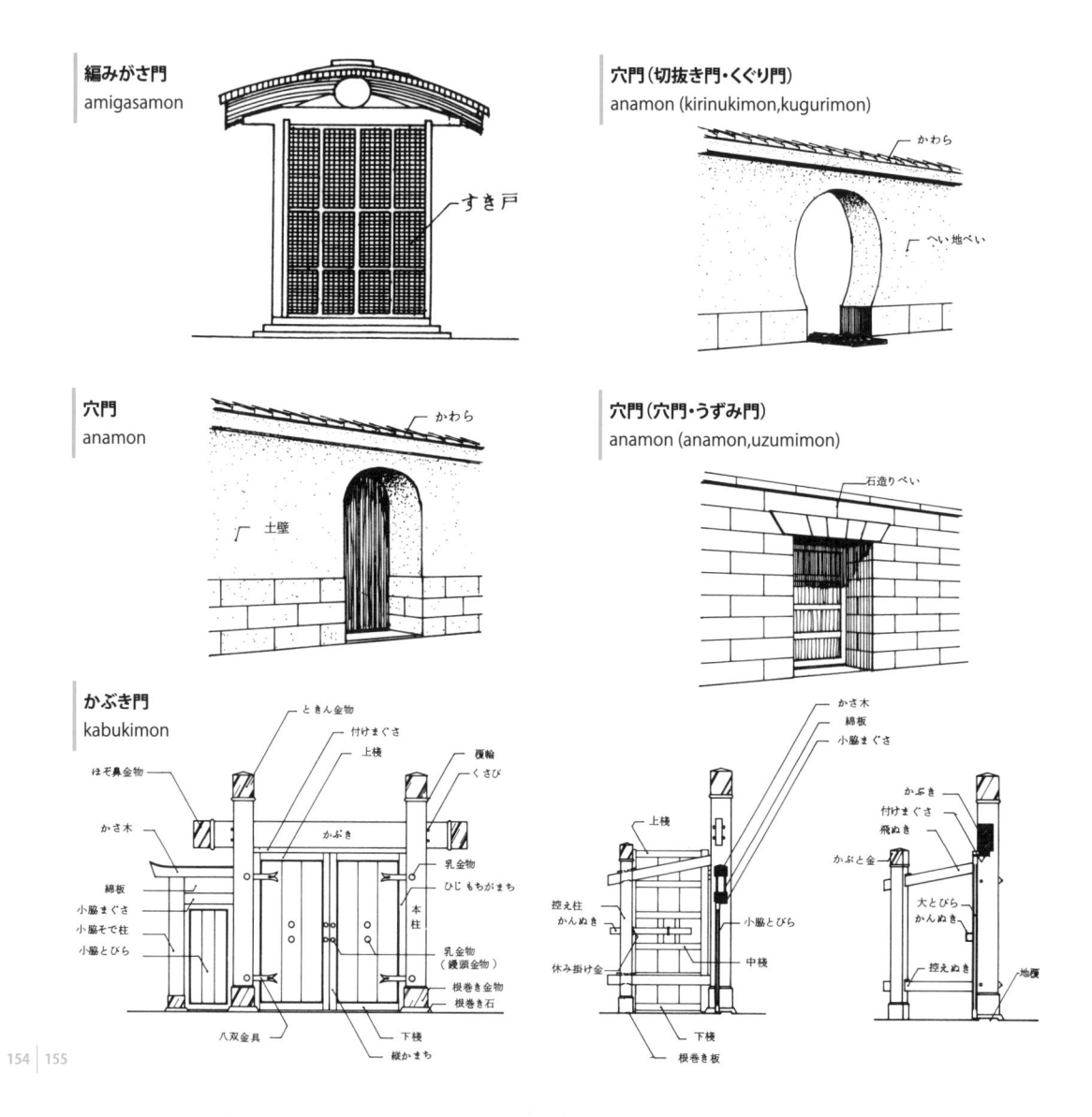

門・戸・塀・四阿・茶室・腰掛待合・中潜・中門・霜よけ方法・雪づり
mon,to,hei,azumaya,chashitsu,koshikakemachiai,nakakuguri,chuumon,shimoyokehouhou,yukizuri

編みがさ門 amigasamon

- すき戸

穴門（切抜き門・くぐり門） anamon (kirinukimon, kugurimon)

- かわら
- へい 地べい

穴門 anamon

- かわら
- 土壁

穴門（穴門・うずみ門） anamon (anamon, uzumimon)

- 石造りべい

かぶき門 kabukimon

- ときん金物
- 付けまぐさ
- 上桟
- 覆輪
- くさび
- かぶき
- ほそ鼻金物
- かさ木
- 乳金物
- 綿板
- 小脇まぐさ
- ひじもちがまち
- 小脇そで柱
- 本柱
- 小脇とびら
- 乳金物（饅頭金物）
- 根巻き金物
- 根巻き石
- 八双金具
- 下桟
- 縦かまち

- かさ木
- 綿板
- 小脇まぐさ
- 上桟
- 控え柱
- かんぬき
- 休み掛け金
- 小脇とびら
- 中桟
- 下桟
- 根巻き板

- かぶき
- 付けまぐさ
- 飛ぬき
- かぶと金
- 大とびら
- かんぬき
- 控えぬき
- 地覆

塀重門 heijuumon

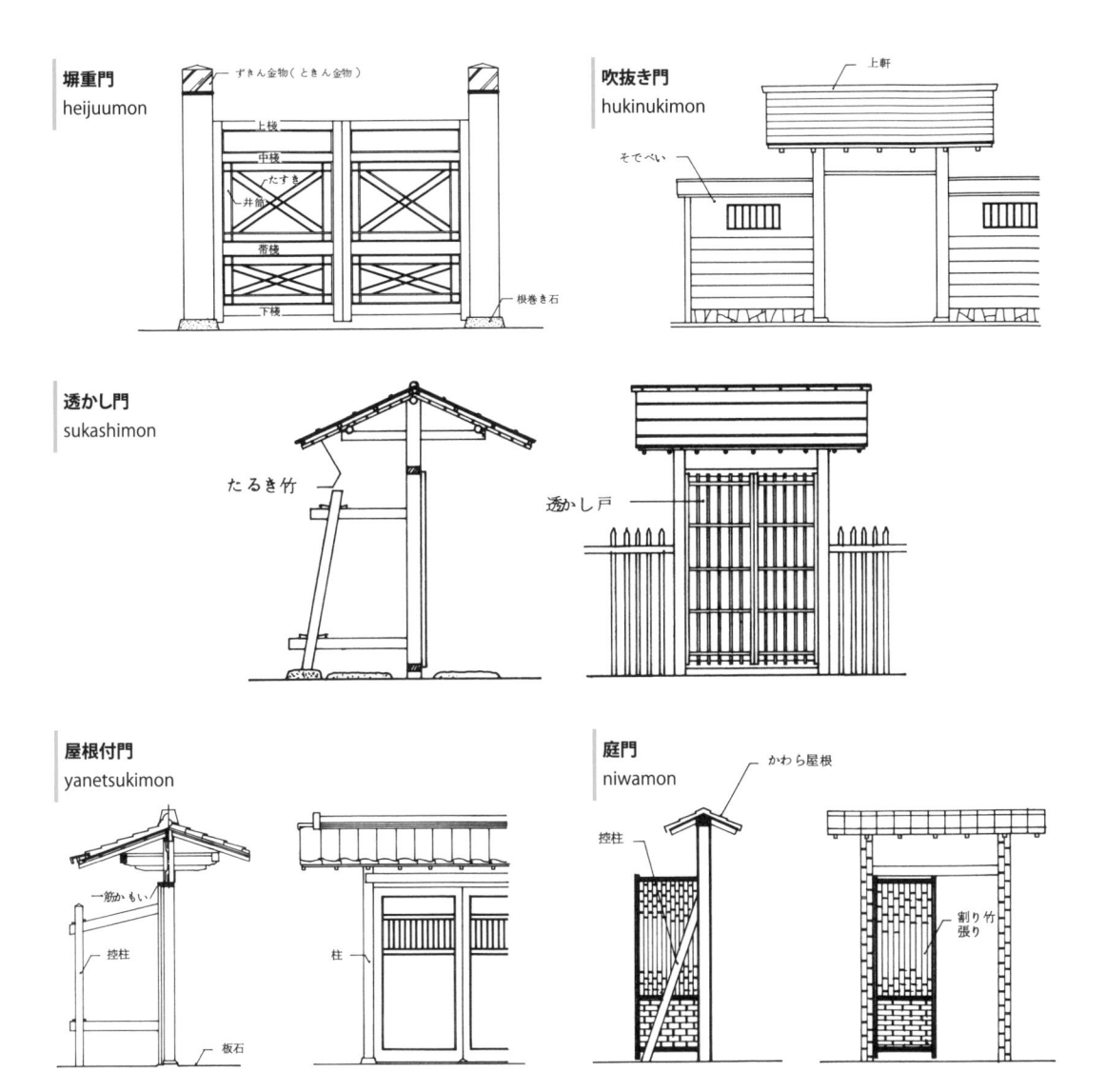

- ずきん金物（ときん金物）
- 上桟
- 中桟
- たすき
- 井筒
- 帯桟
- 下桟
- 根巻き石

吹抜き門 hukinukimon

- 上軒
- そでべい

透かし門 sukashimon

- たるき竹
- 透かし戸

屋根付門 yanetsukimon

- 一筋かもい
- 控柱
- 柱
- 板石

庭門 niwamon

- かわら屋根
- 控柱
- 割り竹張り

門・戸・塀・四阿・茶室・腰掛待合・中潜・中門・霜よけ方法・雪づり
mon,to,hei,azumaya,chashitsu,koshikakemachiai,nakakuguri,chuumon,shimoyokehouhou,yukizuri

中潜
nakakuguri

- たるき竹
- 下地窓
- 壁
- 竹

戸
to

枝折戸
shiorido

- ふじづる

はじとみ
hajitomi

- 皮付き丸太

網代戸（網戸）
ajirodo (amido)

- あや形

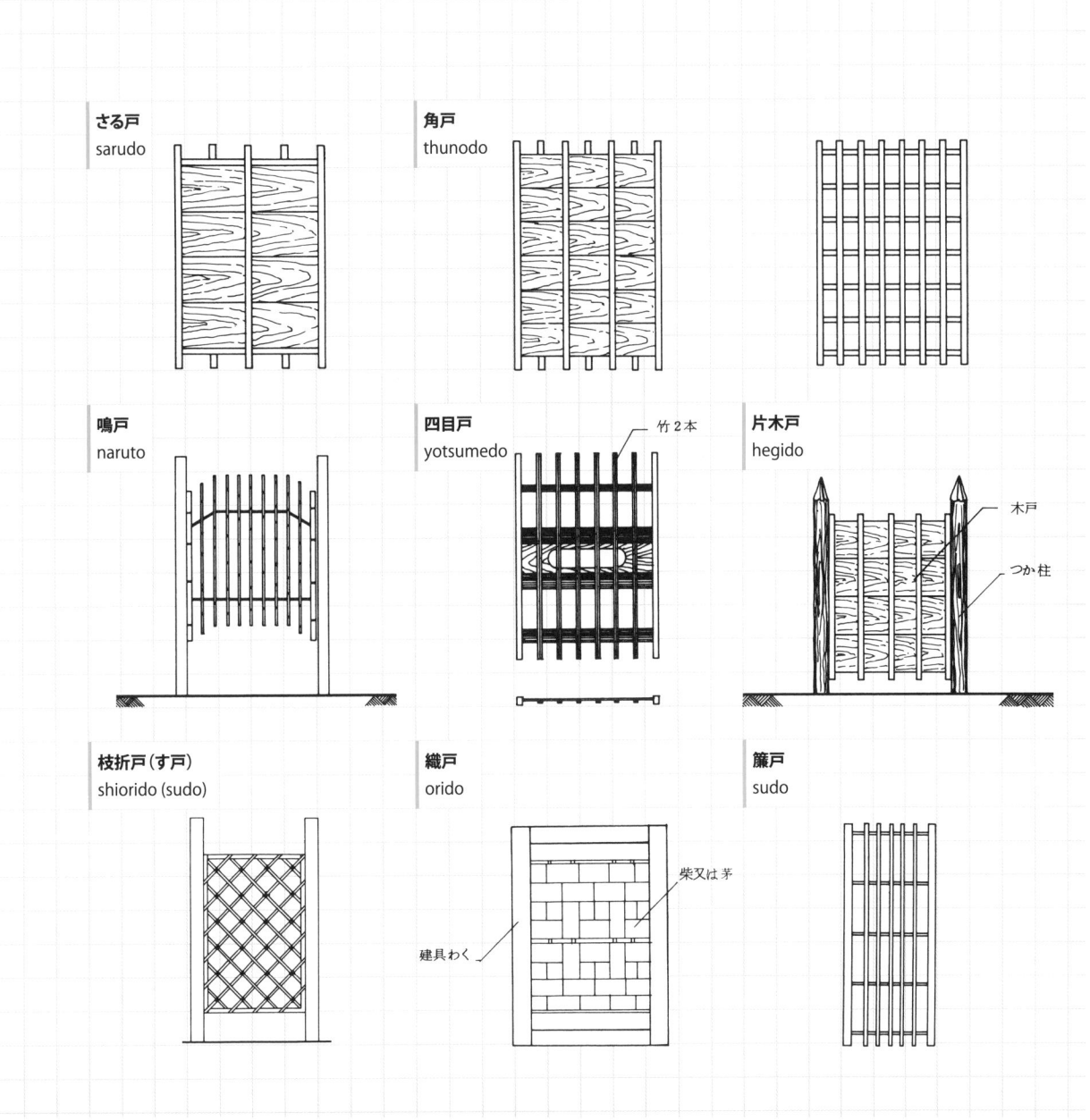

さる戸 sarudo	**角戸** thunodo	
鳴戸 naruto	**四目戸** yotsumedo （竹2本）	**片木戸** hegido （木戸／つか柱）
枝折戸（す戸） shiorido (sudo)	**織戸** orido （柴又は茅／建具わく）	**簾戸** sudo

門・戸・塀・四阿・茶室・腰掛待合・中潜・中門・霜よけ方法・雪づり
mon,to,hei,azumaya,chashitsu,koshikakemachiai,nakakuguri,chuumon,shimoyokehouhou,yukizuri

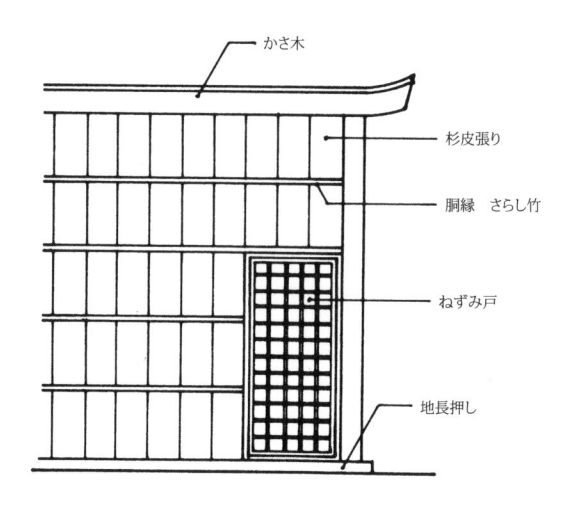

塀各種
hei-kakushu

やまと塀
yamatobei

かさ木
杉皮張り
胴縁　さらし竹
ねずみ戸
地長押し

ささら子塀
sasarakobei

かさ木
ささら子下見
土台
猫石

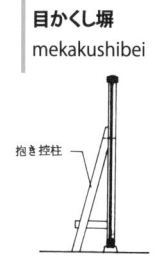

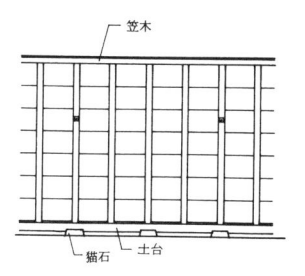

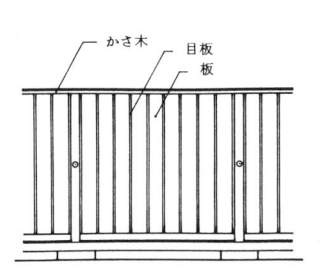

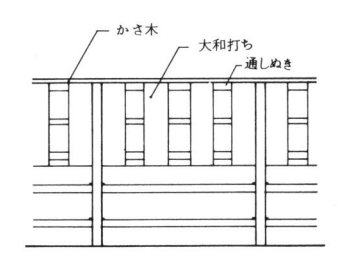

目かくし塀
mekakushibei

笠木
抱き控柱
猫石　土台

目板塀
meitabei

かさ木
目板
板
抱き控柱
控え貫

やまと塀
yamatobei

かさ木
大和打ち
通しぬき

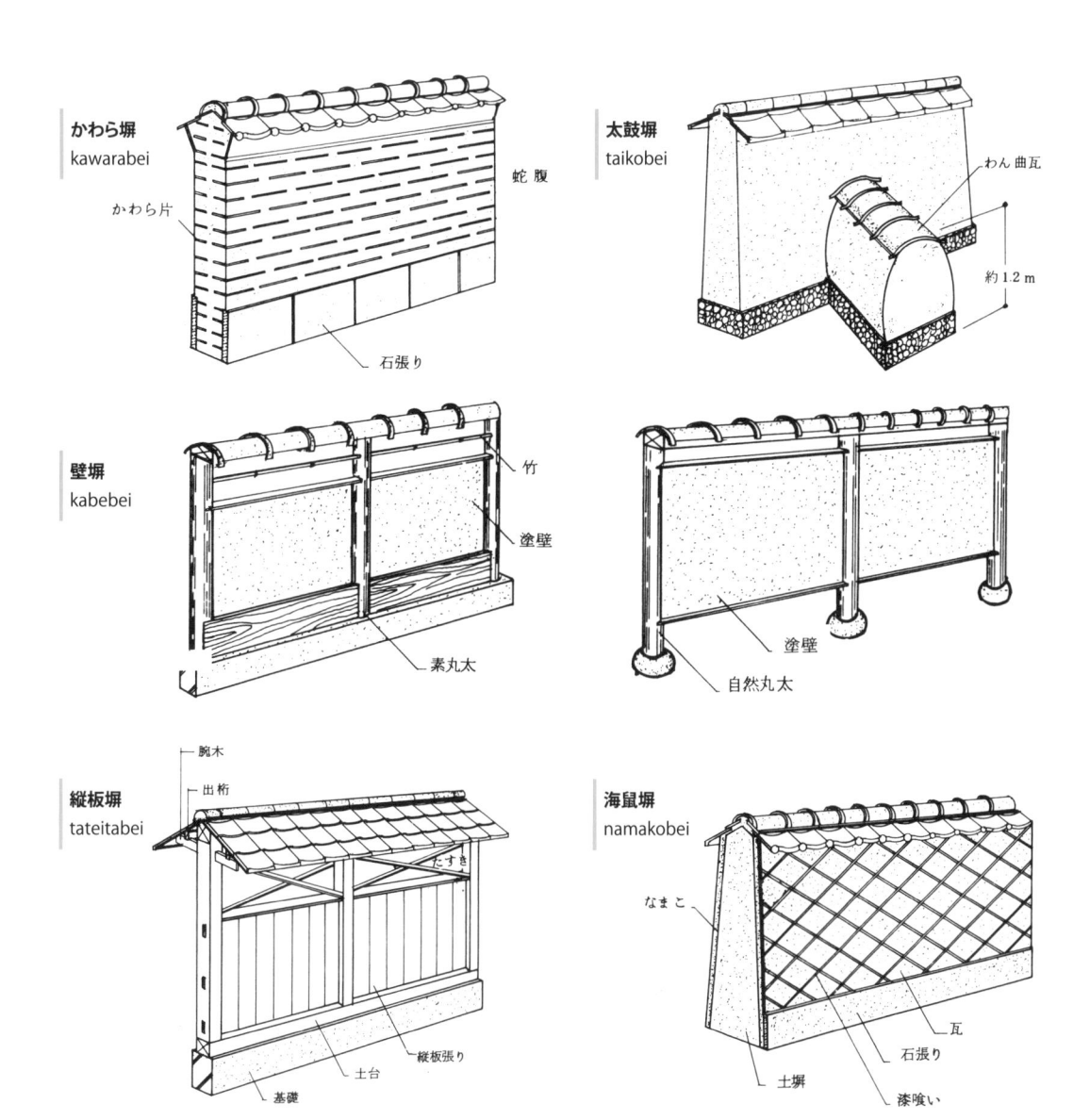

かわら塀 kawarabei	**太鼓塀** taikobei
蛇腹 / かわら片 / 石張り	わん曲瓦 / 約1.2 m

壁塀 kabebei	
竹 / 塗壁 / 素丸太	塗壁 / 自然丸太

縦板塀 tateitabei	**海鼠塀** namakobei
腕木 / 出桁 / たすき / 土台 / 縦板張り / 基礎	なまこ / 土塀 / 石張り / 漆喰い / 瓦

門・戸・塀・四阿・茶室・腰掛待合・中潜・中門・霜よけ方法・雪づり
mon,to,hei,azumaya,chashitsu,koshikakemachiai,nakakuguri,chuumon,shimoyokehouhou,yukizuri

つい地塀
tsuijibei

土と瓦の土塀
敷がわら

屋根付塀
yanetsukibei

塗り壁
桧板
桧羽目板
土台
猫石
石積み

仕切り塀
shikiribei

よしず塀
yoshizubei

竹
よしず
板葺
よしず
竹
名栗柱
胴縁
よしず
土台

練塀
neribei

瓦
石灰
石

竹とくさ塀
taketokusabei

棟木
貫
土台
割竹とくさ張り
基礎

ひしぎ竹塀
hishigitakebei

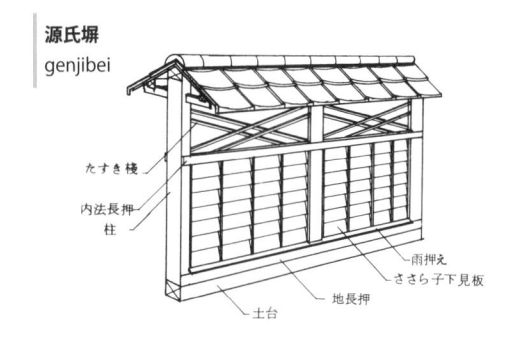

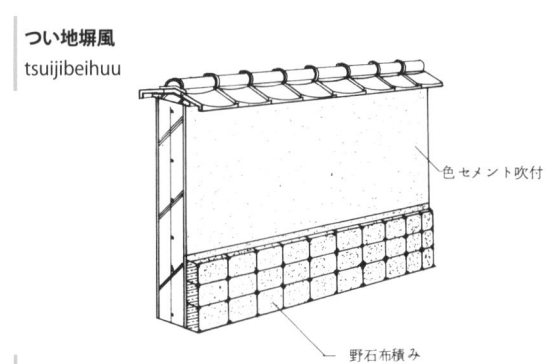

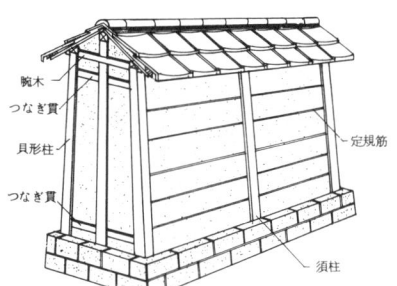

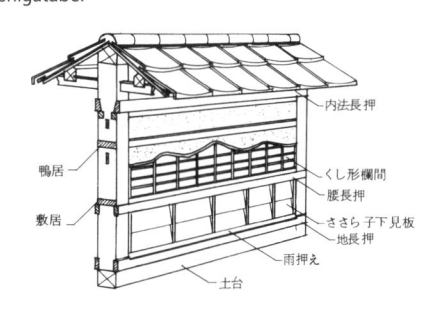

- 胴縁
- 小ざる控え
- ひしぎ竹

源氏塀
genjibei

- たすき桟
- 内法長押
- 柱
- 雨押え
- ささら子下見板
- 土台
- 地長押

つい地塀風
tsuijibeihuu

- 色セメント吹付
- 野石布積み

下見板張り塀
shitamiitabaribei

- 塗壁
- 雨押え
- 土台
- 下見板張り

つい地塀
tsuijibei

- 腕木
- つなぎ貫
- 貝形柱
- つなぎ貫
- 定規筋
- 須柱

くし形塀
kushigatabei

- 内法長押
- 鴨居
- くし形欄間
- 腰長押
- 敷居
- ささら子下見板
- 地長押
- 雨押え
- 土台

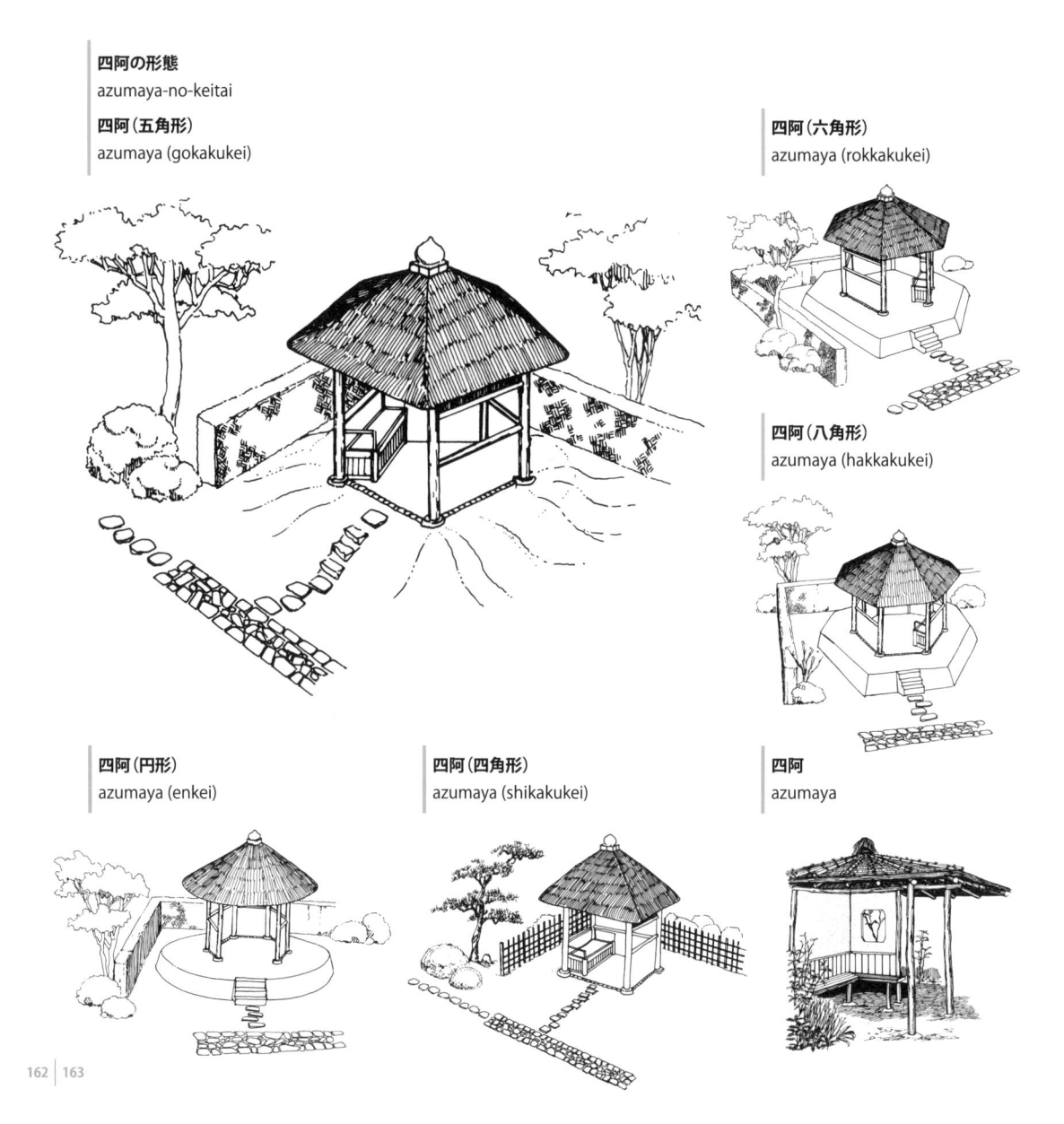

門・戸・塀・四阿・茶室・腰掛待合・中潜・中門・霜よけ方法・雪づり
mon,to,hei,azumaya,chashitsu,koshikakemachiai,nakakuguri,chuumon,shimoyokehouhou,yukizuri

四阿の形態
azumaya-no-keitai

四阿（五角形）
azumaya (gokakukei)

四阿（六角形）
azumaya (rokkakukei)

四阿（八角形）
azumaya (hakkakukei)

四阿（円形）
azumaya (enkei)

四阿（四角形）
azumaya (shikakukei)

四阿
azumaya

茶室
chashitsu

中潜
nakakuguri

腰掛待合
koshikakemachiai

中門
chuumon

門・戸・塀・四阿・茶室・腰掛待合・中潜・中門・霜よけ方法・雪づり
mon, to, hei, azumaya, chashitsu, koshikakemachiai, nakakuguri, chuumon, shimoyokehouhou, yukizuri

霜よけ方法
shimoyokehouhou

わら巻き（わら囲い）
waramaki (waragakoi)

頭飾りを差込む

しゅろ縄

わらぼっち
warabocchi

枝葉束ね
edahabane

幹巻き
mikimaki

しゅろ縄　ワラ　染しゅろ縄

こも巻き
komomaki

わら囲い
waragakoi

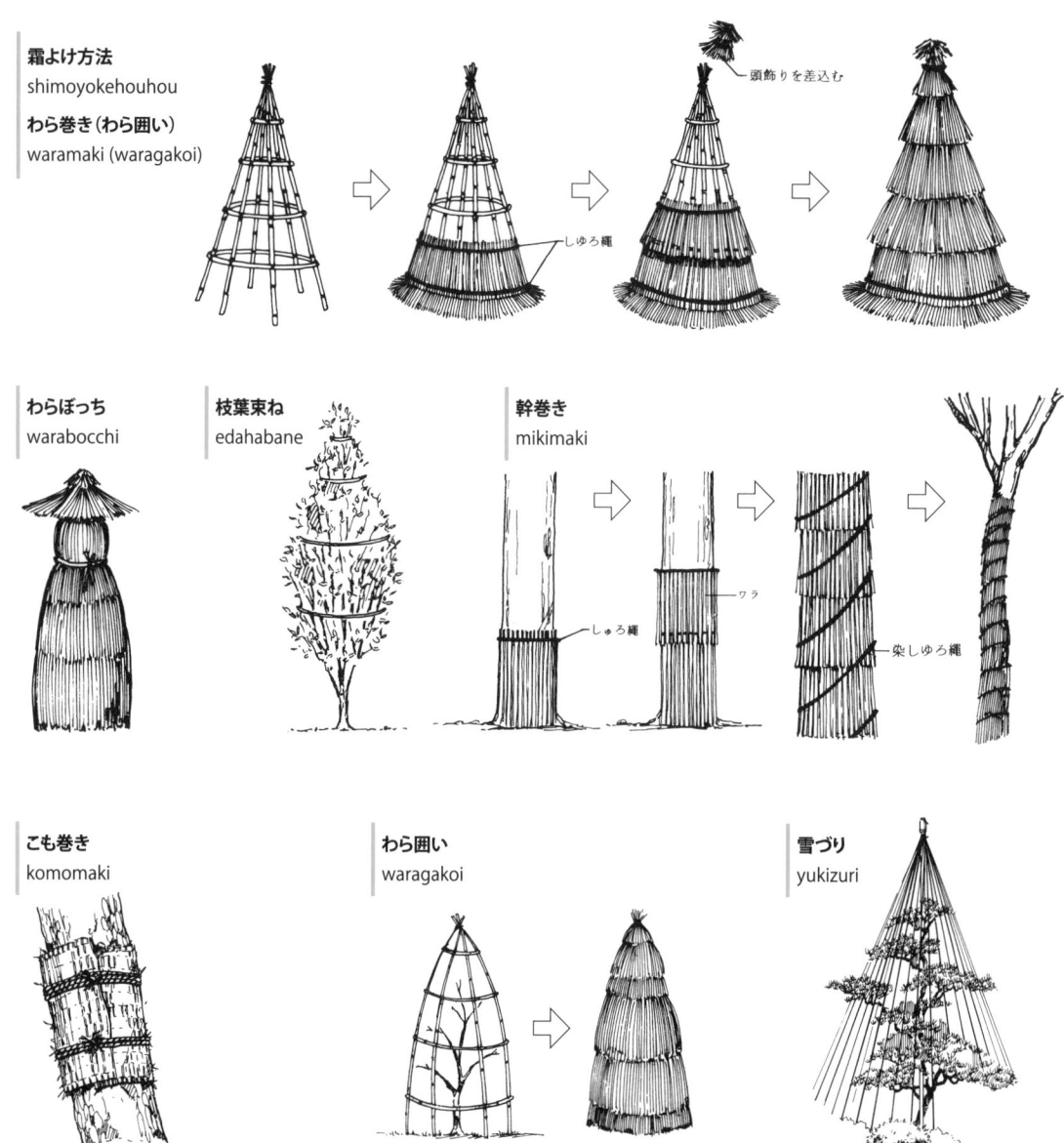

雪づり
yukizuri

INDEX

A

P87	合いば	P17	瓜実形	P98	曲水式池泉
P82	揚簾戸	P128	永源寺庭園遠山石	P92	切石敷き
P153	上土門	P164	枝葉束ね	P112	切石橋
P82	網代枝折戸	P28	円型笠	P75	金閣寺垣
P156	網代戸(網戸)	P140	遠近法を用いた枯滝風六石組	P75	銀閣寺垣
P162	四阿	P60	円形井筒	P57	銀閣寺形手水鉢
P162	四阿(円形)	P118,128	遠山石	P146	食い込み
P162	四阿(五角形)	P52	円星宿形手水鉢	P147	食い違い
P162	四阿(四角形)	P81	円窓ひし垣	P161	くし形塀
P162	四阿(八角形)	P117	大刈込	P136	具足形五つ組
P162	四阿(六角形)	P77	大津垣	P118	沓脱石
P146	後受け	P90	大判の丹波石を配した丹波石乱張りの延段	P60	組み井筒
P154	穴門	P86	大曲り	P147	景石
P154	穴門(穴門・うずみ門)	P92	大谷石敷き	P54	袈裟形手水鉢
P154	穴門(切抜き門・くぐり門)	P157	織戸	P55	袈裟形手水鉢(見立物)
P154	編みがさ門	P18	織部灯籠	P35	袈裟形手水鉢を生かす石組手法
P124	荒波紋	P18	織部変形	P61	厳海形手水鉢

KA

P92	あられくずし	P28	角型笠	P161	源氏塀
P61	あんこう形手水鉢	P64	筧	P68	建仁寺垣
P139	安定感のある枯滝風五石組	P142	欠け継	P80	建仁寺そで垣
P138	安定感の高い五石組	P60	笠形手水鉢(見立物)	P137	小石に変化を見せた五石組
P137	安定性の中に動きのある五石組	P27	笠塔婆	P75	光悦寺垣(臥牛垣)
P136	安寧粛整組	P147	重ね	P81	光悦寺そで垣
P86,91	筏打	P62	飾り手水鉢	P9	高桐院形
P76	生垣	P17	勧修寺形	P81	高らいそで垣
P27	いけこみ形	P6,7	春日灯籠	P127	後楽園庭園蓬莱石
P87	石うす	P147	合掌	P117	小刈込
P112	石橋	P75	桂垣	P128	粉河寺庭園遠山石
P108	石浜	P154	かぶき門	P105	護岸石組
P89	伊勢ゴロタの延段	P159	壁塀	P128	国分寺庭園遠山石
P124	市松紋	P59	鎌形手水鉢	P127	国分寺庭園蓬莱石
P59	一文字形手水鉢	P103	亀島	P163	腰掛待合
P47	井筒	P61	唐船形手水鉢	P15	琴柱形
P76	茨垣	P153	唐門	P100	小庭
P142	いも継	P87	伽藍石	P12	孤篷庵石灯籠(寄灯籠)
P89	伊予青石の延段	P62	伽藍石手水鉢(見立物)	P79	木舞垣(角矢来)
P92	いろこ敷き	P121	枯山水	P164	こも巻き
P46	磐座	P113	枯滝石組	P27	五輪塔
P116	磐座・磐境	P113	枯流れ	P85	五連打
P115	磐境	P10	河桁御河辺神社石灯籠	P90	ゴロタ敷きの延段
P61	浮舟形手水鉢	P159	かわら塀	P90	コンクリート舗装に那智黒砂利を配した延段
P123	紆行紋	P85	雁掛(かりがね打ち)		

SA

P139	動きと発展性のある五石組	P104	岩島	P59	盃形手水鉢
P60	臼形手水鉢	P130	寄脚石	P123	漣紋
P105	渦巻式石組	P56	菊縦形手水鉢	P158	ささら子塀
P9	太秦形	P56	菊鉢形手水鉢	P157	さる戸
P77	打合せ大和打ち垣(打合せ板垣)	P37	菊鉢を使用した蹲踞	P87,111	沢渡石
P153	腕木門	P50	基礎形手水鉢(灯籠基礎手水鉢)(見立物)	P28	三角型笠
P153	腕木門(木戸門)	P50	基礎形手水鉢(見立物)	P17	三角雪見灯籠
P56	梅鉢形手水鉢	P11	旧雲厳寺灯籠	P9	三月堂形
		P127	旧秀隣寺庭園蓬莱石	P57	三渓園手水鉢(天楽形)
		P69	行の建仁寺垣(茶庭向)	P27	三光形
				P23	三重の塔灯籠

P85	三四連	P69	真の建仁寺垣	P91	短ざく石筏打
P132	三心具足	P67	真の四つ目垣	P91	短ざく石と自然石
P135	三石組	P123	水紋（渦紋）	P91	短ざく石と飛石
P104	三尊石組	P147	末広	P147	段違い
P35	三尊石組を背景とした蹲踞	P70	透かし垣	P89	丹波石と小砂利の延段
P84	三連打	P79	透かし垣の簡単なもの	P89	丹波石の延段
P57	散蓮華形手水鉢	P155	透かし門	P90	丹波石乱張りの延段
P110	汐入式干潟様	P76	裾垣	P89	秩父青石敷きの延段
P82,156	枝折戸	P82,157	簾戸	P86	千鳥掛
P157	枝折戸（す戸）	P122	砂盛	P163	茶室
P118	敷石	P16	寸松庵形	P80	茶筅垣
P131	枝脚石組	P123	青海波紋	P139	中心の立石に力を集めた五石組
P130	枝形石	P45,115	井泉石組	P163	中門
P160	仕切り塀	P54	石水壺手水鉢	P13	朝鮮形
P85	四三くずし	P54	石水瓶手水鉢	P74	長福寺垣
P63	自然形手水鉢	P93	関守石	P84	直打
P91	自然石	P34	銭形手水鉢を低目に据えた蹲踞	P93	ちり穴の例
P60	自然石井筒	P42	銭形の鉢を使用した蹲踞	P157	角戸
P63	自然石手水鉢	P120	前期式枯山水（古式枯山水）	P160,161	つい地塀
P39	自然石の鉢を使用した蹲踞	P129	千秋閣庭園舟石	P161	つい地塀風
P58	自然石富士形手水鉢	P11	善導寺形	P33,34	蹲踞
P70	下透かし建仁寺垣	P142	総合的集団石組の例	P146	つなぎ
P161	下見板張り塀	P26	創作物	P103	鶴島
P114	七五三石組	P64	僧都（鹿おどし）	P56	鉄鉢型手水鉢（見立物）
P86	七五三打	P23	層ados	P89	鉄平石乱張りの延段
P58	司馬温公形手水鉢	P69	草の建仁寺垣（茶庭向）	P105	洞窟石組
P117	芝山	P132	双竜石、競雄石組	P129	東光寺庭園舟石
P92	四半敷き	P87	礎石	P127	東光寺庭園蓬莱石
P49	四方仏手水鉢	P80,81	そで垣	P53	銅壺形手水鉢
P49	四方仏（梵字）手水鉢	P17	袖垣	P71	塔灯籠（五重層塔形）
P49	四方仏手水鉢（見立物）	**TA**		P50	灯籠基礎手水鉢（見立物）
P38	四方仏の鉢を使用した蹲踞	P159	太鼓塀	P71	とくさ垣（唐竹）
P64	杓	P90	大小の鉄平石片の組合せによる乱張りの延段	P27	特殊物
P64	杓架（杓台）	P129	大仙院庭園舟石	**NA**	
P137	斜立石で動きを強調した五石組	P127	大仙院庭園蓬莱石	P156,163	中潜
P138	斜立石と横石を強調した五石組	P130	体胴石	P93	中潜付近の役石
P96	借景式庭園	P72	大徳寺垣	P99	中庭
P70	遮蔽垣	P8	当麻寺形	P91	長半角
P147	十文字	P107	滝石組	P108	流れ
P138	主景として安定した五石組	P74	竹生島	P120	流れの役石の一例
P131	主胎石組	P160	竹とくさ塀	P54	なつめ形手水鉢
P117	主木	P73	竹穂垣	P40	なつめ形の鉢を使用した立手水鉢
P104	須弥山式石組	P72	立合い垣	P57	難波寺形手水鉢
P98	上下二段式庭園	P36	立手水鉢を生かした庭の細部	P159	海鼠塀
P131	初霊石組	P124	立浪紋（網代紋）	P147	並べ
P89	白河石の縁とみかげ板石の延段	P58	立石形手水鉢	P157	鳴戸
P134	心枝胎組方	P148	立石の形態例（10形態）	P132	二脚石組
P131	心信石組	P141	立石を強調した七石組	P85	二三連打（ふみくずし）
P20	神前灯籠	P140	立石を中心とした格式ある六石組	P10,27	西之屋形
P134	心体脚組方	P159	縦板塀	P51	二重ţăm形手水鉢
P130	寝殿造庭園	P27	多宝塔	P127	二条城庭園蓬莱石
P97	寝殿造庭園	P92	玉石敷き	P133	二石組
P136	真の五つ組	P20	玉手形	P131	二相石組

P129	二段石		P128	保国寺庭園遠山石		P141	横石がポイントの七石組
P84	二連打		P52	方星宿形手水鉢		P141	横石で空間を作った七石組
P155	庭門		P50	宝塔基礎形手水鉢(見立物)		P140	横石と立石による六石組
P92	布敷き		P126,147	蓬莱石		P148	横石の形態例(6形態)
P77	沼津垣(網代垣)		P102	蓬莱島		P93	横勝手踏段
P77	沼津垣(網代垣の一種)		P102	蓬莱連山石組		P129	横山氏庭園舟石
P12	濡鷺形		P80	穂垣・柴そで垣		P160	よしず塀
P160	練塀		P21	墓前灯籠		P152	四足門
P94	軒内三石		P87	ほんつぎ		P67	四つ目垣
P147	のしかけ		**MA**			P66	四つ目垣(関東式)
P55	のずら石の鉄鉢形手水鉢		P146	前受け		P157	四目戸
P93	のぞき石		P146	前添え		P114	夜泊石組
P88	延段		P147	前付け		P57	与楽寺手水鉢(見立物)
HA			P51	ます形手水鉢		P84	四連打
P71	はぎ垣		P14	丸形雪見		P81	よろい形そで垣
P19	化灯籠(山灯籠)		P88	みかげ石と伊勢ゴロタの延段		**RA**	
P11	宮崎宮石灯籠		P88	みかげ石と小砂利の延段		P115	礼拝石
P53	橋杭形手水鉢(見立物)		P89	みかげ石と秩父青石の延段		P127	楽々園庭園蓬莱石
P156	はじとみ		P88	みかげ石の延段		P24	蘭渓形
P147	はす立て		P90	みかげ切石と丹波石張りによる延段		P79	利休垣
P31,32	鉢前		P90	みかげ切石と丹波石乱張りの延段		P93	略伝踏段
P30	鉢前(縁先手水鉢)		P90	みかげ切石と鉄平石乱張りの組合せによる延段		P123	流水紋
P28	八角型笠		P141	右手の一石でまとめた七石組		P106	竜門瀑
P146	鼻受け		P164	幹巻き		P132	両胴石組
P10	祓戸形(春日灯籠)		P16	岬灯籠		P77	両目гіки
P142	はらみ継		P43	水桶を使用した蹲踞		P131	霊易組
P97	泮池		P72	御簾垣		P127	霊雲院庭園蓬莱組
P11	般若寺形		P129	水堀石		P131	礼脚石組
P87	控え石		P62	水堀形手水鉢		P134	霊枝心組方
P51	ひがきの手水鉢(見立物)		P72	みの		P134	霊枝胴組方
P109	干潟様		P68	みの建仁寺垣		P130	霊象石
P80	ひし垣		P153	向唐門		P131	霊初組
P161	ひしぎ竹塀		P150	むな門		P134	霊心脚組方
P143,144	秘伝書にある山水図(石組と名称)		P158	目板塀		P134	霊心胴組方
P8	平等院形		P158	目かくし塀		P132	霊双石組
P131	風体石組		P73	目関宙		P134	霊胴脚組方
P131	風胎組		P87	物見石・伽藍石・留石		P134	霊陽脚組方
P81	風帳垣		**YA**			P15	蓮華寺形
P155	吹抜き門		P13	屋形石灯籠		P132	連枝石組
P142	含み継		P153	薬医門		P55	露結形手水鉢
P59	富士形手水鉢		P160	屋根付塀		P28	六角型笠
P44	富士形手水鉢を織部灯籠と調和させた蹲踞		P155	屋根付門		P14	六角雪見
P41	富士形の鉢を使用した蹲踞		P92	矢はず敷き		**WA**	
P148	伏石の形態例(6形態)		P141	山形石、立石、平石による七石組		P87	わきつぎ
P48	布泉形手水鉢		P148	山形石の形態例(6形態)		P164	わら囲い
P129	舟石		P137	山形石を中心とした五石組		P164	わらぼっち
P87	踏分石		P138	山形石を左の立石で生かした五石組		P164	わら巻き(わら囲い)
P155	塀重門		P158	やまと塀			
P157	片木戸		P78,79	矢来垣		**図版引用出典一覧**	
P68	変form建仁寺垣		P164	雪づり		絵で見る建設図解辞典7 塗装・内外装工事	
P25,26	変型		P14	雪見灯籠		絵で見る建設図解辞典11 庭園工事	
P80	変形四つ目そで垣		P14	雪見変形		株式会社建築資料研究社 発行	
P51	方形手水鉢		P8	柚之木灯籠			

図版の名称及び読み方は、時代や地域等により異なることがありますのでご了承ください。

和の庭図案集
Design Parts Collection
In Japanese Traditional Style Garden

発行日	2011年　8月15日　初版第1刷
	2023年 12月20日　　　第5刷
発行人	馬場栄一
発行所	株式会社建築資料研究社
	〒171-0014
	東京都豊島区池袋2-38-1 日建学院ビル 3F
	TEL. 03-3986-3239　FAX. 03-3987-3256
	https://www.kskpub.com
アドバイザー	東京大学教授 工学博士
	藤井恵介
編集	建築資料研究社 出版部
アートディレクション	芦澤泰偉
ブックデザイン	五十嵐 徹(芦澤泰偉事務所)
校正	舩木有紀
印刷所	大日本印刷株式会社

書籍購入に関するお問い合わせ
TEL. 03-3986-3239　FAX. 03-3987-3256

内容に関するお問い合わせ
publicat@to.ksknet.co.jp

©建築資料研究社 2011
定価は裏表紙に表示してあります。万一、落丁乱丁の場合はお取り替えいたします。
本書を無断で譲渡したり、販売を目的に複製、複写、転載することを禁じます。
ISBN978-4-86358-081-7